森山式

司法書士試験
合格する
勉強法60

森山和正
Kazumasa Moriyama

中央経済社

はしがき

　司法書士試験はとても難しい試験です。「そんな試験に合格できるのだろうか」と不安に思っている人も多いでしょう。

　最近では，仕事・育児・家事・介護などをしながら時間の限られた環境のなかで司法書士を目指そうという人も多くいます。「時間がないから無理だ」と初めからあきらめていませんか。

　しかし，司法書士試験は，適切な方法で学習をすれば合格できる試験です。学習方法を間違わなければ，けして越えることができない壁ではないのです。

　私は20年間，講師として，法律をはじめて学習する人・時間が限られた人をはじめ，多くの短期合格者を輩出してきました。本書では，長年の講師経験からわかった「合格の秘訣」を大公開します。

　本書に掲載されている内容は，数多くの合格者を輩出してきた経験から導いたものです。限られた人にしか当てはまらない場当たり的なものではなく，合理的・普遍的なものであり，誰でも取り入れることができるものとなっています。

　また，実際に勉強を始めると，思うようにいかなかったり，あきらめたくなったりすることもあるかと思います。本書では，そのような場合の乗り切り方など実践的なアドバイスも紹介しました。実際に私のクラス出身の合格者の協力を得て，「合格者の生の声」も掲載しました。合格へのイメージがつかめるのではないでしょうか。

　見開き完結で気楽に読めて，最短合格への羅針盤となる1冊です。これから学習を始める人も，再チャレンジする人も，合格への秘訣が見えてくるでしょう。本書を利用して，司法書士試験の合格を勝ち取ってください。本書が読者の方の幸せな人生を送るための一助になることを祈っています。

森山和正

本書に登場する合格者紹介

本書に協力してくれた森山クラス出身の合格者の皆さんを紹介します。

S・Nさん

コロナ禍で始めた行政書士試験の勉強をきっかけに司法書士試験にも挑戦。見事総合2位の成績で一発合格。勉強の息抜きは，家族との食事や勉強の合間の散歩。

N・Hさん

学生の頃の夢を忘れられず，愛する家族の協力を得ながら10年ぶりに挑戦。1年半の勉強で目標年度の試験に総合2位の成績で合格。現在都内の事務所で独立開業に向けて勤務中。

戸谷佳奈枝さん

司法書士試験に総合15位の成績で一発合格。私の出身の太田高校のすぐ隣の太田女子高校出身。群馬をこよなく愛し，LINEの絵文字もぐんまちゃん。現在は群馬県内の司法書士法人に勤務。

A・Aさん

0歳の子どもの育児をしながら，スキマ時間をフル活用。スマホアプリを利用し，寝かしつけの時間も活用。その結果総合11位の成績で一発合格。暗記のために作った替え歌は30曲以上!!

浦本みずきさん

子どもの高校受験の応援と自分の受験を両立し，総合9位で合格。千葉県鎌ケ谷市に「あしたば司法書士・行政書士事務所」を開き，子育てを支えてくれた社会に恩返しをしたいと後見業務にも力を入れている。

安東健郎さん

「一生勉強・一生青春」を座右の銘に掲げ，64歳で司法書士試験の学習を始め，69歳で合格。70歳で「安東法務事務所」を開設。今では地域で信頼される司法書士として，依頼者が絶えない。

小野彩加さん

総合4位で一発合格。『司法書士試験　すぐに結果が出る勉強メソッド55』の共著者。同書は，上記合格者全員の心の支えになっていた。福岡県嘉麻市に「彩司法書士事務所」を開設。今回は，独立開業の魅力を語ってくれました。

目　　次

第3章　合格する記憶法 ───────── 51

第4章　合格する時間術 ───────── 75

第1章

勉強法の考え方

1 スタートとゴールを認識せよ

 Check! 司法書士試験に合格するための学習をするには，「スタート」と「ゴール」をしっかり認識することから始めましょう。闇雲に始めるのは得策ではありません。

■ゴールはどの方向にあるか

「ゴール」は，もちろん司法書士試験の合格です。仕事・育児・家事・介護など社会人は忙しい毎日を送っているでしょう。また，学生も学校の勉強・サークル・アルバイトなどやはり忙しい毎日でしょう。

そのようななかでせっかく勉強時間をつくって努力をしても，試験に合格できなければ司法書士になることはできません。趣味や教養のための勉強とは異なり，**結果を出さなければならない**のです。

つまり，司法書士試験で求められていることを分析し，合格に必要な知識を必要なレベルで身につけるような学習をする必要があります。いくら一生懸命努力しても，それが司法書士試験の求めているものでなければ合格は叶いません。このことは，東京の人が大阪を目指して，何日も休まず「北」に向かって走っても目的地にたどり着かない，ということと同じです。

■ゴールに必要なことは何か

「司法書士試験が求めているものは"法律知識"なのだから，"法律"を勉強すればいいんでしょ」と思う人もいるかもしれませんが，そう簡単なものでもありません。

たとえば，司法書士試験・司法試験・行政書士試験・宅建士試験などの試験において，どの試験でも「民法」が出題されますが，**求められる知識の深さ・出題されやすい分野**などすべて異なります。司法試験や行政書士試験では債権

が多く出題されますが，司法書士試験においては「物権」が多く出題され，その内容も高度なものになります。実務において，不動産登記を職務としているからでしょう。このように，ゴールを確認し，そのゴールに向けた学習をしていく必要があるのです。

■スタート地点はどこか

　ゴールを確認したら，次は「スタート」の認識が必要です。先ほど「東京の人が北に向かって走っても大阪にはたどり着かない」と言いましたが，和歌山の人であれば，「北」に向かえば大阪に着くことができます。ゴールが同じでも，スタートが異なれば，やるべきことが変わるのです。

　スタートの認識は，簡単にいえば「**自己分析**」です。まず，それぞれが置かれている環境などによって，可処分時間や勉強できる場所などが人それぞれ違います。たとえば，以下の項目にも個性があります。

> ☑今まで試験勉強をしたことがあるか。
> ☑勉強に慣れているか。
> ☑暗記が得意か。
> ☑本を読むのが得意か。
> ☑書くと覚えられるのか。
> ☑声に出すと覚えられるのか。

　このように自己分析をすることで，「いつ・どこで勉強するのが効率的か」，「本を読むのは得意だから，市販書籍で独学できるな」など，自分の進むべき道を確定することができるのです。

　仕事をしている人は，専業受験生と同じようには勉強できません。また，私も含めた凡人は天才的な才能のある人のマネをしても成功することはできません。合格者と自分は同じではなく，そのままマネしてはいけないのです。

　能力や環境が同じ人はいません。**他の人と異なることを認識すること**がスタート地点です。本書の勉強法を参考に，自分の特性を活かして，効率的な学習を進めていきましょう。

2 「ゴール」の正体とは

 Check! ゴールの正体を確認するために，ここでは，司法書士試験の概要と「試験攻略のために必要となる力」について説明します。

■司法書士試験の筆記試験は体力勝負でもある

　司法書士試験は「筆記試験」と「口述試験」が実施され，筆記試験の合格者が口述試験を受験でき，口述試験に合格すると**最終合格**となります。

　筆記試験は，例年7月第1日曜日に午前の部・午後の部に分けて計5時間で行われます。この筆記試験のことを，本書では「本試験」といいます。本試験は**全科目を1日で行うので，体力勝負の面もあります**。また，口述試験は1人15分程度の面接形式の試験です。

　司法書士試験の合格率は5％前後ですが，この合否は筆記試験で決まります。口述試験は，決められた時間に集合して，試験官に聞かれたことを素直に答えれば不合格になることはほぼありません。不合格者も毎年1〜2人程度いますが，これは受験しなかったことが原因です。なお，口述試験に不合格の場合，その翌年に口述試験から再受験できます。

■択一式と記述式のバランス

　司法書士試験の**合否は筆記試験で決まる**ので，そこに照準を合わせることが重要です。まず，試験科目と出題数を確認しましょう（右頁の表）。

　筆記試験は合計350点で，択一式が210点・記述式が140点の配点です。

　「択一式」は5肢択一式で，「記述式」は登記申請書を解答用紙に作成するような問題が出題されます。

＜司法書士試験の科目と出題数＞

午前の部（9：30～11：30）	午後の部（13：00～16：00）
＜択一式＞配点105点（1問3点） 憲法　3問 民法　20問 刑法　3問 商法・会社法　9問	＜択一式＞配点105点（1問3点） 民事訴訟法　5問 民事保全法　1問 民事執行法　1問 供託法　3問 司法書士法　1問 不動産登記法　16問 商業登記法　8問 ＜記述式＞　配点140点 不動産登記法　1問 商業登記法　1問

■基準点が意味するところ

　択一式の採点は機械が用いられますが，記述式は試験委員が採点します。そこで，記述式の採点を可能とするため択一式では基準点が設定されており，一定以上の得点（午前の部：択一式26～28問程度，午後の部：択一式22～25問程度）が取れていない場合には記述式の採点をしてもらうことはできません。

　また，記述式にも基準点があります。すべての基準点をクリアした人の中から，上位者が合格する仕組みとなっています。つまり，「**どの分野も苦手のまま残しておくことは許されない**」というわけです。

口述試験体験記

口述試験では，司法書士の職責や実務のことが聞かれます。「受験すれば合格」とも言われますが，口述という慣れない形式と緊張もあり，うまく答えられませんでした。それでも合格していますので，とにかくリラックスして受験に臨んで大丈夫です。どうしても不安な場合には，イメージトレーニングをしたり，予備校の口述試験対策を受けたりすると良いと思います。

N・Hさん

3 司法書士試験の難しさの正体とは

Check! 司法書士試験は合格率約5％の難関試験です。100人のうち上位5人に入らなければならない計算ですから，非常に狭き門であることがわかります。

■主たる要因は3つ

では，司法書士試験の**難しさの正体**は何なのでしょうか。その主たる要因は次の3つです。

> ① 「正確な知識」が要求されること
> ② 学習範囲が広いこと
> ③ 時間の制約が厳しい試験であること

■ 要因① 「正確な知識」が要求されること

司法書士試験は法律の試験ですから，合格点をとるために必要なものは，「法律の知識」です。それは当然のことでしょう。

ここで，より重要なのは**法律の知識の正確性が求められる**という点です。「手続を1ヵ月以内にしなければならない」というルールで，問題文では「3ヵ月だから誤りである」という趣旨の出題がされます。具体的な数字まで覚えていなければ解けません。

実務家になったら依頼者のために正確な手続をしなければならないので，試験でも知識の正確性を要求しているのです。

司法書士試験の出題は正誤問題です。「選択肢が正しいか・誤っているのか」を判断する問題です。正しい選択肢の組合せを選ぶ問題であれば，5つの選択肢の中から誤りを3つ見つけることになります。これは，言ってみれば2つの

絵が並んでいて正しい絵と見比べて何ヵ所かの間違いを探す**間違い探しと同じ**です。

ただ，間違い探しと違う点は，頭の中に「正しい絵」を自分で用意しなければならないことです。そのため，頭の中に「正確な知識」を入れておき，その知識を思い出せるようにしておく必要があるわけです。知識が曖昧だったり，試験時間内に思い出せなかったりすれば，間違い探しには全く役に立ちません。

■ 要因② 学習範囲が広いこと

司法書士試験では，11にも及ぶ法律の分野についてその知識が問われます。民法・不動産登記法・商法（会社法）・商業登記法においては，かなり突っ込んで問われるので，その範囲は膨大です。それだけ業務範囲が広いことの裏返しでもありますが，試験対策としてはなかなか大変です。

そのため，**いかに効率的に学習するか**が重要となります。逆に言えば，司法書士試験は「広い範囲を覚えれば合格できる試験」であり，数学の難問を解くときのようにひらめきが求められたり，論文試験のように文章センスが求められたりするわけではありません。このことから，学歴・頭のよさ・これまでの学習経験に関係なく，**適切に努力すれば合格できる試験**となっているのです。

■ 要因③ 時間の制約が厳しい試験であること

特に午後の部では，合格レベルの受験生でも，記述式1問を解くのに1時間かかります。そのため，択一式に割ける時間は1時間しかありません。したがって，1問2分以内のペースで択一式を解き進めていかなければならないのです。

時間がない中で，いかに実力を出し切るかが重要となります。まず必要なのは，言わずもがな「正確な知識」です。**思い出すのに時間がかかる状態ではサクサクと問題を解き進められません。**

「正確な知識」は時間対策としても有効なのです。その上で，解答の時短テクニックも必要ですので，第5章でお話しします。

4　学習計画を立てよう

Check!　難関試験に挑戦するからといって，「一刻も早く勉強を始めなければ」と，焦ってテキストを読み進めるのは得策ではありません。

■適切なペース配分をするために

　司法書士試験では学習範囲が膨大なので，**計画を立てなければ，7月の本試験までに勉強が最後まで終わらない**なんてことになりかねません。学生時代，歴史の勉強で，入試が近づいているのに「まだ江戸時代までしか進んでいません…」なんてことはありませんでしたか。

　勉強はどうしても丁寧に進めてしまいがちですから，「**いつまでに，どこまでやるか**」を把握しておかないと，どうしてもペースが遅くなってしまうのです。まずは，学習計画を立てることから始めましょう。

　学習計画は，「短期的なスケジュール」と「長期的なスケジュール」を考える必要があります。それぞれについて，スタートとゴールを認識しつつ，試験までにやるべきことを落とし込んで具体的に計画を立てる必要があります。

■長期的な計画を立てる

　まず，絶対に意識してほしいことがあります。それは，**1年後の試験を目標にする**ということです。もちろん学習の開始時期によっては1年半後の場合もあるでしょう。また，本試験の受験経験がある人（いわゆる中上級者）は，次の試験が目標となります。つまり，「2年後の試験で合格できるように頑張ろう」と考えてはいけないということです。

　司法書士試験は実務家となるための試験ですから，**1年でも早く合格すれば，その分早く実務家として活躍する**ことができます。また，司法書士試験は覚え

ることが多い試験なので，忘れる速度以上のスピードで学習を進める必要があり，**短期決戦**が求められます。

　試験が近いほうが，誰でも集中力が増します。1年目の合格を目指していれば，試験の直前期にぐっと実力が上がり合格に近づくのです。万が一，合格できなくても，2年目の合格可能性が跳ね上がります。

■短期的な計画を立てる

　短期的な計画は，1日・1週間・1ヵ月単位の目標です。今自分が置かれている環境を考慮して，「**いつ，どれくらい学習ができるのか**」を考えましょう。「時間ができたら勉強しよう」という意識では，学習時間を確保できません。

　長期的な計画として「いつまでに，どの範囲まで学習を進めればいいのか」がわかったら，それを具体的に「どの週までに，どこまでやるか」「今日はこれをやろう」と決めることができます。

　ただ，はじめはどうしても気持ちがはやり，無理な計画を立てがちです。これでは途中で計画が破綻し，ゴールまでたどり着けません。すると，自己肯定感が下がってしまい，合格へのモチベーションもなくなってしまいかねません。

　当然，予定通りにいかないこともしばしばあります。突然の残業や子どもの体調不良など，自分ではコントロールできないこともあるでしょう。そのような時のために，たとえば金曜日の夜は予備日として空けておくなど，余裕のあるスケジュールを立てましょう。もし学習できない日ができてしまったら，予備日にその分の学習を進め，全体の計画が狂わないようにしましょう。

　学習を進めていくと，「やるべきこと」が変わることもあります。計画は学習進捗に合わせて，こまめに見直すようにしましょう。

> **独立開業の魅力①〜やりたいように仕事ができる〜**
> 仕事量を調整して自分のペースで仕事ができます。16時くらいに事務所を閉めてジムに行ったり，金曜の夕方から旅行に行ったりすることも多いです。開業したおかげで仕事に偏らない充実した毎日を過ごしています。

🐰 小野彩加さん

5　再チャレンジの受験計画はココに注意！

Check!

　　司法書士試験を受験し，残念ながら不合格となった受験生，あるいは
自己採点で不合格を確信した受験生の再チャレンジ学習計画を説明しま
す。

■受験生が「不合格」を確認するタイミング

　受験生が不合格を確認する時期はいつなのでしょうか。それは，大きく次の
3つの時期に分かれます。

> ①　本試験直後
> ②　8月中旬の択一式の基準点発表
> ③　9月下旬から10月上旬の筆記試験の合格発表

　まず，7月の本試験当日に各大手予備校では解答速報会を開催したり，1週
間後に検証会を開催したりします。そこで，択一式の基準点を予想します。ま
た，私を含めた予備校講師がSNSなどで基準点を予想することも多くあります。
そのような情報を確認し，**予想基準点から大きく離れている場合，本試験直後
に残念ながら不合格を確信する**ことになります。

　また，自己採点結果が予想される基準点付近だった受験生は，基準点に到達
している期待がありますから，試験直後にはわかりません。例年，**8月中旬に
法務省が択一式の基準点を発表するので，この段階で基準点に届いていない人
は不合格が確定**します。

　そして，択一式の基準点に届いている受験生でも，**記述式の基準点や合格点
に届かなかった場合には，最終合格することはできません**。これは，筆記試験
の合格発表まで待たなければわかりません。

　上記①・②のタイミングで不合格が判明した受験生は，8月頃から学習を再
開しましょう。次の本試験までの時間はどんどんなくなっていきます。

　学習の再開が遅くなると，せっかく覚えた知識も忘れてしまい，覚え直すのに時間もかかります。さらに，せっかく身につけた学習習慣がなくなり，勉強自体が億劫に感じてしまうようになります。

　一方，上記③の筆記試験の合格発表で不合格が判明した受験生も，なるべく早く学習を再開するに越したことはありません。開始が遅れた方も，発表後スグに開始しましょう。

■再開するときの学習計画は３つの時期に分ける

　司法書士試験の受験経験者が学習計画を立てるときは，「スタート」を認識することが特に重要です。それは，つまり「どうして合格点をとれなかったのか」という敗因分析です。

☑法律知識の理解が足りないのか。 ☑知識の記憶が足りないのか。 ☑記述式問題の解法が身についていないのか。 ☑本番で実力を出し切れないのか。

　これらによって，すべき学習が変わってくるからです。予備校の用意した中上級講座や答練（答案練習会）を言われるがまま受講すればよいわけではありません。**現状を認識して，不合格となった要因を埋めていく勉強を，自分で計画を立てて，主体的に実行していく必要がある**のです。たとえば，基礎知識の理解が足りないなら，テキストなどを使って１つひとつの知識を理解して記憶していかなければなりません。

　受験経験者の学習計画は，以下の「３つの時期」に分けましょう。

＜１期目＞〜12月まで	＜２期目＞I〜３月	＜３期目＞４月以降
足りない知識をインプットするなど，弱点をしっかり補強しましょう。	過去問演習や答練などが有効です。実力を全体的に底上げしましょう。	４月以降の直前期については，第７章で詳述します。

6　情報に振り回されず，取捨選択する

試験対策は「情報戦」という性質もあります。最近では，SNSやYouTubeなどで，合格者が学習方法を語ることも増えてきました。情報源が増えることでとてもいいことですが，それに振り回されてはいけません。情報も玉石混交ですから，必要な情報を取捨選択しましょう。

■古くて間違った情報ではないか要チェック！

　特に，なかなか成績が上がらないときには，「自分の学習方法は間違っているのかな…」と不安になり，SNSやYouTubeで検索することもあるでしょう。

　他人の勉強法はとても魅力的に見えます。ただ，**せっかく進めている学習を中断して，また別のことをしていては何も身につきません。**

　合格者の語る方法論は，万人に当てはまるわけではありません。情報が古かったり，間違っていたりすることもあります。以前，YouTubeで合格者が絶版の書籍を絶賛しており，それを見た受験生がその書籍を必死に探して，法外な値段で購入したという話を聞きました。

　実は，その書籍は十数年前に私が執筆した書籍だったのです。今では最新の改正に対応させた新しい書籍を出しているので，プレミア価格のついた中古本で入手する必要など一切なかったのです（書籍の内容を褒めていただけるのは嬉しいですが，その情報によって現役受験生が翻弄されるのは講師として看過できず複雑な心境です）。

■SNSは時間泥棒・夢泥棒であると心得る

　SNSの使い方も注意が必要です。たしかに，受験生の間で情報を交換したり，ライバルや友人を作ったりと孤独な受験生活に潤いを与えてくれるので，X（旧Twitter）などを利用する受験生も多く見かけます。

しかし，**使い方によっては学習にマイナスの影響も与えます**。

> ①　SNSで交流などをすると，時間をとられて，**学習時間の減少を招い**
> 　**て**しまう。
> ②　他人の学習法が気になってしまう。
> ③　ライバル受験生の成績が気になり，自分の学習に自信がなくなって
> 　しまう。　など

　SNSに成績などをアップする人は，模試などの成績がよかった受験生だけなので，気にする必要はありません。しかし，それらが自分の学習に影響を与えるようであれば，見ないに越したことはありません。

　さらに，「それでは受からないよ」，「司法書士なんてとってどうなるの」など，足を引っ張ってくる人も中にはいます。頑張っていない人が，頑張っている人を引きずりおろそうなんてことは昔からあることです。

　SNSは「時間泥棒」「夢泥棒」の性質があるので，使い方に注意しましょう。

■信頼できる最低限の情報を選ぼう

　だからといって，すべての情報をシャットアウトするのも適切ではありません。法改正・最新判例の情報などありますし，最近では配点変更や試験の日程変更などの情報もありました。

　そこで，いつ時点の誰によるものかという情報源を確認した上で，**受験生としては「最低限の情報」にアンテナを張る**ようにしましょう。予備校やその講師の発信する情報，法務省などが発信する情報などに限定してインターネットやSNSを利用するとよいでしょう。

　私も，X（旧Twitter）で，最新情報や必要な情報を提供するようにしています。日常生活に関するくだらない投稿も多くしていますが，受験生が見て元気が出るものを提供するようには気をつけています。

　自分に合うものを取捨選択するといいでしょう。

7 法律改正の対策をどうするか

Check!
　司法書士試験の学習をしていると，その間に法改正が行われることも珍しくありません。また，新しい重要判例や先例が出されることもあります。このような改正法や最新情報への対策は，どのようにすればいいのでしょうか。

■改正情報はプロに任せる

　近年は，時代の流れが速く，それに合わせて法律が改正されるスピードも速くなっています。次から次に法律が改正されます。司法書士試験で出題される法令においても，毎年のように改正が行われています。

　司法書士試験の範囲に含まれている法令のなかには手続法も多く含まれていますが，そのような手続法は本当によく改正されます。最近は，手続の電子化などの改正が各手続法で行われました。

　改正は，何が改正されたのかの把握も大変ですが，その改正がいつから施行されいつの試験から出題されるのかの把握も大変です。これを自分で調べるのは本当に大変です。基本的には，改正情報の把握は，予備校や講師に任せてしまいましょう。

■独学の場合のアンテナの張り方

　まず，予備校を利用している受験生は，その予備校が最新の情報を提供してくれるので，それを信じて学習を進めればいいでしょう。講義の配信後に改正が行われても，補講などで最新情報が提供されるはずです。

　一方，独学の場合は以下のような対策をしましょう。

　①　最新の書籍を利用する

　②　改正情報にアンテナを張る

■最新の書籍を利用する

「前の版を持っているのですが，最新版に買い替えたほうがいいですか」という質問を受けることも少なくありません。

法改正は，大きなものだけでなく，小さなものもあり，一見気づかないようなところに変更がある場合もあります。最新版を利用せず，そのような小さな改正に気づかなかったばかりに失点することもあり得ます。

「1点」を競う試験ですから，このようなことも侮れません。そうでなくても，難関試験を受験するわけですから，武器はしっかり新しいものを装備するべきです。

■改正情報にアンテナを張る

最新の書籍を利用した上で，どのように改正情報にアンテナを張るとよいでしょうか。たとえば私も，試験範囲に含まれる法令で改正が行われるとSNSで注意喚起するようにしています。そのような情報を利用してください。

また，予備校では，改正対策の無料講座や有料の単発講座を行うこともあります。そのような講座を利用すると対策しやすいでしょう。

■改正情報に振り回されない

ここで注意が必要なのは，法令改正対策は，試験対策のごく一部にすぎないということです。出題のほとんどは改正されていない論点ですから，改正に振り回されないことも重要です。

予備校が「改正法対策のためには講座をとるべきだ」と煽ることも多いですが，改正論点はごく一部です。なので，改正対策だけを理由に大型講座の受講を検討するのは間違いです。**講座を受けるかは，「自身の学習計画において必要か否か」で考えましょう。**

森山の受験体験記 episode 1

なぜ，司法書士試験を受けることになったのか？

　私が司法書士試験の学習を始めたのは，大学３年生の11月です。

　私は，大学３年生の10月まで野草などの植物を研究し，高山植物を観察するため登山なども行うサークルの幹事長をしていました。朝ドラで有名になった牧野富太郎先生の『牧野日本植物図鑑』などを読みながら野草を観察していたのです。当時30年以上の伝統もあり，OB・OGとのつながりもある大きなサークルでしたから運営は大変でしたが，その分充実しており，夢中になっていて，自分の将来については全く考えていませんでした。

　その幹事長の任期が満了し，自分の将来のことを考えたのが大学３年生の10月です。気づくと周りは，すでに就職活動を着々と進めています。就職活動をしていない人は，とっくに司法試験の勉強などをしています。

　「さて，どうしたものか」と悩んでいました。大学に入るのに２年浪人生活をしていましたからこれ以上遅れるわけにはいかないにもかかわらず，すでに出遅れており，途方に暮れていたのです。

　司法試験も考えて予備校のパンフレットも見てみました。ところが，司法試験を目指す予備校の講座は，２年以上のコースばかりで，これでは，大学を卒業してからまた浪人生活となってしまいます。しかも，その後司法修習も控えており，実務に就くのはもっと後になってしまいます。

　そんなとき，すでに司法書士試験の予備校の講座に通っているＴ君に「だったら司法書士を目指さないか」と誘われました。パンフレットを見てみると，「年収1,400万円」と書いてあります。しかも，頑張れば１年合格も可能であるとも書いてありました。大学４年生の７月の試験で合格すれば，卒業してすぐに働くことができます。

　８ヵ月しかありませんが，司法書士を目指すことにしました。

第2章

合格する勉強法

8 予備校か？ 独学か？ 自分がとるべき学習法とは

Check! 　学習を始めるにあたって，まずは予備校の講座を受けるのか，市販の書籍を使って独学で進めていくのかなど，「自分のとるべき学習法」を選択する必要があります。それぞれのメリット・デメリットを検討し，自分にピッタリな方法を選択してください。

■選択肢を検討する

　少し前までは，予備校に通うのが当たり前とされていました。一方で，それほど人数は多くはないものの，今では独学合格する人も出ています。

　基本書などの教材が充実してきたことにより，独学でも学習を進めることができる環境が整ってきたからでしょう。つまり，独学で進めるという選択肢もあるというわけです。

　では，それぞれのメリット・デメリットとは何でしょうか。

■予備校のメリット・デメリット

　予備校を利用するメリットは，「**先導者がいる**」ということです。特に初学者にとって，司法書士試験の独学での学習は知らない山に地図だけを持って登りに行くようなものです。「どの道を行けばいいのか」を自分で考えなければなりません。間違った道を選んでしまい迷子になってしまうこともあります。また，正しい道を選んだとしても，この道は正しいのかなと常に不安を感じながら進んでいかなければなりません。勉強の内容以前に労力を使うことになってしまいかねないのです。

　その点，プロの先導者がいれば，正しい道に案内してもらえます。つまり，**「いつ・何を・どの深さで勉強すればいいのか」を教えてもらえ，無駄を省い**

て最短距離を進んでいくことができます。

　特に，先導者による指導が一番必要なのは，**初学者が法律を理解する場合**です。はじめて学ぶ内容は，人から説明を受けたほうが理解しやすく覚えやすいです。特に，短期合格を目指すなら，予備校の講座受講を検討するとよいでしょう。

　予備校を利用するデメリットは，**理解力の高い受験生にとっては，書籍を読むより「時間がかかる」**ということです。書籍を読むのが得意であれば，講義を聴くよりもテキストを読んだほうがどんどん進められます。

　また，**受講料など「費用がかかる」**こともあげられます。ただ，短期合格できれば，早く実務に就いてお金を稼ぐことができ，長い目で見れば得することも多いです。自分への投資は決して無駄ではありません。

■独学のメリット・デメリット

　独学のメリットは，先ほど述べたように，**講義を聴くより短時間で学習を進められること**です。特に，本を読むのが得意な方や理解力がある方にはフィットしやすいです。

　大学受験や他資格の学習など，今までの学習経験によるところも大きいです。司法書士試験では，中上級者が今まで学んだ知識を徹底的に覚えこむ場面では，独学も十分選択肢に挙げられます。

　また，費用は，教材などを無駄なく揃えることができれば抑えられます。ただ，書籍代を削りすぎて必要十分な教材を揃えられなければ本末転倒です。費用を抑えられるかは結果論として判断するとよいでしょう。

　独学のデメリットは，自分で計画を立てなければならず，**無駄な学習をすることもあり，「時間がかかってしまう」**ことです。

　もし予備校を利用するか独学をするか迷ったら，2週間などと期間を決めて市販の基本書を読んでみましょう。自分で内容を理解しながら，計画通り学習を進められれば，独学も有効でしょう。無理だと感じたら，予備校の講座受講を検討するといいでしょう。

9　自分に合う予備校の選び方

 Check!　司法書士試験対策の講座を開設している予備校はたくさんあります。また，提供される講座のカリキュラムも，手軽なものからしっかりしたものまで様々あり，どれを選べばよいのか迷ってしまいます。ここでは，講座の選び方について説明していきましょう。

■講義時間による選択

　忙しい人であれば，講義時間が少ないものを選びたくなるかもしれません。しかし，かえって遠回りになり，時間がかかることも多いです。

　というのも，予備校を利用する目的の1つには「**法律知識を理解するため**」ということがあります。講義時間が少ないと，十分な説明がなされず，理解できないことも多いです。

　講師の立場としても，膨大な試験範囲について理解できるような講義をしようと思うと，ある程度のボリュームが必要なのです。手軽な講義だからといって消化しやすいわけではないのです。

　また逆に，講義を聴くだけでは学習内容が身につかないので，復習時間を確保できるようにすることも必要です。そのため，復習時間が確保できない程の負担が大きい講座も選択すべきではありません。

■通信か通学かという選択

　通学のメリットは，①強制力がある，②質問がしやすい，③教室という集中できる環境で聴くことができる，④身近にライバルがいるという点にあります。一番大きなメリットは，動画を見ているより実際の講義を受けたほうが「エピソード記憶」として記憶がしやすいということです（⇒P59）。

　通信のメリットは，①自分の好きな時間・好きな場所で講義を聴くことがで

きる，②通学が必要なく時間の有効活用が図れる，③わからない部分は一時停止でき，理解しているところは1.5倍で聴くなど自由にスピードを変えられる，④全国どこでも好きな講師を選べるという点にあります。

　自分がどちらのメリットを享受したいかで選べばいいでしょう。

■講師を基準にした選択

　私自身が講師だからという点を抜きにしても，予備校選びで一番基準にしてほしいものは講師です。なぜなら，**一番長い時間付き合うことになるからです**。相性の悪い講師では勉強を続けることができません。

　「合格請負人」，「実力派講師」という宣伝文句に騙されず，**合格実績のある実力講師を選ぶ**ことが重要です。最新のパンフレットなどをよく見て，短期合格者を多く輩出しているかをチェックしましょう。

　また，講師が書籍を出版していることも判断基準の１つとなります。書籍を出版するということは一定の実力がある証拠となります。また，講義と同じ思考回路で書かれた書籍で復習することができ，効率的な学習につながります。

　逆に，他の講師を批判する講師は，実力がないことが多いです。自分に自信がないから，他の講師を批判しているのです。これは講師の世界に限ったことではないかもしれません。

私の予備校の選び方

私は，絶対に一発合格しようと思っていたため，独学での勉強は考えておらず，最初から司法書士試験の予備校を利用しようと決めていました。①合格者を多数輩出していること，②受講者が多く，模試の結果などが実際の本試験と近い状態で反映されることから，大手の予備校にしようと考えていました。そして，どの先生のクラスにしようかと考え，いろいろな先生の配信動画を視聴しました。その中で，森山先生の講義が非常に楽しくわかりやすかったことと，森山先生の声が良かったことから「この先生なら15ヵ月ついていけそうだな」と感じ，森山先生についていこうと決めました。

🌷 **S・Nさん**

10　独学のための「基本書」選び

Check!　司法書士試験対策では，まずは「法律の仕組み」を理解することから始めなければなりません。そのため，法律の説明が書いてある基本書を中心に学習を進めることになります。ここでは，独学する場合，どのように基本書を選べばよいのかを説明します。

■ 要件① 司法書士試験対策用の書籍であること

同じ法律でも試験によって傾向は異なります。また，学者の先生が書いた基本書は，あくまでも学問としての法律を修得しようという人に向けた内容となっています。

もし司法書士試験対策以外の基本書を使ってしまうと，試験に関係ないことまで学習することになり，無駄となってしまいます。逆に，司法書士試験では深掘りされる論点（根抵当権など）があまり書かれていないなど，学習にムラができてしまいます。

■ 要件② わかりやすく書いてあること

基本書は講義の代わりに使用するものなので，わかりやすく書かれていることは絶対条件です。特に会社法・不動産登記法など，はじめて学習する方がその意味を理解するのが困難な法律もあります。これらの法律の学習を挫折しないで進められるかは，学習に使用する基本書が「どれだけわかりやすく書かれているか」にかかっています。

■ 要件③ 合格点が取れる情報量であること

合格することが目標ですから，これは必須条件です。一見わかりやすく書か

れていても，実は簡単な論点しか書かれていないからだということもあります。

　基本書は，これからの学習の中核となるものですから，合格できる情報量が掲載されているものを選ぶ必要があるのです。

■３つの要件を満たすオススメ書籍

　独学の場合，上記３つの要件を満たす書籍を選ぶとよいでしょう。これらに当てはまるオススメ書籍は具体的に以下のとおりです。この３シリーズの中から自分と相性の良いものを選ぶとよいでしょう。

①『**山本浩司のautoma system**』（山本浩司・早稲田経営出版）

　情報量：少なめ。ただし，派生シリーズが多く展開されており，それで情報量を補うことができる。

　特徴：講義を再現したような構成なので，読む点においては一番わかりやすい。その反面，記憶には適さず，暗記ツールの併用が必要。

②『**森山和正の司法書士Ｖマジック**』（森山和正・三省堂）

　情報量：標準的。確実に合格できる情報量が必要十分に載っている。

　特徴：わかりやすさを維持しつつ，記憶・反復学習ができるように構成などを工夫。

③『**司法書士スタンダード合格テキスト**』（早稲田経営出版）

　情報量：多め。辞書的な利用が可能。

　特徴：レジュメ形式で簡潔に書かれている。中上級者の情報整理に向いている。

　いずれにせよ，これからの学習の右腕となる存在ですから，自分に合う基本書を自分の目でじっくり見て選ぶようにしましょう。オススメの選び方は，同じ法律の基本書を各１冊手に取り（できれば購入し），同じ分野の解説を読み比べて，自分なりにしっくりいくものを選ぶ方法です。

　大型書店が近くにないことも多いと思いますが，このようにして相棒を丁寧に選んでください。

11 学習目的に合わせた「過去問集」選び

ここからは，基本書以外の学習アイテムについて説明していきましょう。まずは，過去問集です。過去問集は，初期の学習と並行して知識を確認したり，直前期に解いて演習したりするために使用します。

■択一式過去問集の選び方と活用法

　過去問集は，過去に出題された実際の試験問題を掲載しているので，問題の内容自体に違いはありません。ただ，書籍によって構成が異なり，次の3つに分かれます。

> ① **分野別肢別過去問集**…1つの問題を肢ごとに分解して整理
> ② **分野別5肢択一過去問集**…問題単位で法律・分野別に整理
> ③ **年度別過去問集**…実際に出題された問題を年度別にそのまま掲載

　司法書士試験は，1つの問題に5つの肢があって，論点の分野をまたがっている問題もあります。また，同じ分野でも肢が体系的に並んでいない場合もあります。それらを肢ごとに整理したものが①，問題ごとに分野を大まかに整理したものが②，そのような分類をせず年度別にそのまま掲載したものが③となります。

①　分野別肢別過去問集

　普段の学習において，インプット用のテキストと並行して，知識の確認などの目的で使用する場合には①分野別肢別過去問集がオススメです。

　②分野別5肢択一過去問集だと，学習していない問題も混ざっていて，学習がスムーズにいかないこともあります。また，過去問には，二度と出題されないような逸脱問題があります。①分野別肢別過去問集には，それらを排除し，過不足なく学習できるように工夫されている書籍もあります。

　ただ,「どの選択肢から読むか」などという解法の練習ができません。直前期に③年度別過去問集を使用したり,答練や模試を活用したりするなど,択一式問題を解くためのテクニックを身につけるようにしましょう。

②　分野別 5 肢択一過去問集

　中上級者や学習がある程度進んだ受験生は,②分野別 5 肢択一過去問集を使用するとよいでしょう。知識の確認だけでなく,実際の本試験形式での問題を使って,「どの選択肢から見るか」,「どのように解答を選ぶか」という演習もできるからです。

③　年度別過去問集

　直前期には,③年度別過去問集を模試のように使うことがオススメです（P122）。あまり市販されていませんが,各予備校で購入できます。

　また,法務省ホームページでは 5 年分の過去問を無料でダウンロードできます。ただし,出題当時の問題がそのまま掲載されており,法令改正には対応していないので注意しましょう。

■記述式過去問集の活用法

　記述式問題は,全分野から出題される総合問題で,非常にレベルが高い問題です。そのため,記述式過去問集は学習初期から使用することは適しません。解けなくて自信がなくなってしまうからです（合格するための基準点も高くないので,解けなくてもそれほど自信をなくす必要はないのですが）。

　記述式過去問集は,受験年の 1 月から直前期にかけて使用するとよいでしょう。記述式過去問集を利用したほうがよい理由は以下のとおりです。

> ①　問題のくせがわかり本試験の問題を解きやすくなる。
> ②　過去問と同じ論点が同じ手法で出題される。

　記述式過去問集を利用しない受験生が多いですが,ぜひ積極的に使用しましょう。

12 暗記ツールと六法選び

 Check! 受験勉強を始めるにあたって必要となるものは他にもあります。まずは，暗記ツールです。覚えるべきことがまとまっていて，受験勉強の開始から受験直前まで役立つ本です。次に，六法も用意しましょう。

■「暗記ツール」はセット使用が効果的

　暗記ツールがあると，「この知識をこのように覚えればいいんだな」と把握することができます。ただ，暗記ツールは，繰り返して学習できるようにコンパクトであることが重要なので，この本だけで法律を理解することができるというわけではありません。必ず，基本書や予備校の講義とセットで使用することが必要です。

　特に独学の場合は，基本書を読んで法律を理解しても，「どの部分をどの形で覚えればよいのか」を理解できないので，暗記ツールの併用が必須となるでしょう。予備校の講義を受ける場合も，復習教材として併用すれば強力な武器になります。

　暗記ツールとしては，次の2シリーズがあります。どちらも，必要十分な問題が掲載されているので，使用法によっては，過去問集・予想問題集としても使用することができます。

---

① 『**ケータイ司法書士**』（森山和正・三省堂）
　特徴 単元ごとに必須となる知識が短文で整理されている。年度版なので最新情報の確認にも利用可能。
② 『**うかる！司法書士　必出3300選**』（伊藤塾・日本経済新聞出版社）
　特徴 必須となる知識が図表の形式でまとまっている。

■「六法」も用意しよう

　司法書士試験で学ぶ対象となるのは法律です。法律は条文から成り立っています。それをそのまま掲載したものが「六法」です。

　試験において条文の文言そのままで出題されることも多く，条文の原文を読んでおくと解答しやすいことも多いです。司法書士試験対策において，１条から条文を読んでいく（「条文の素読」といわれます）ということはオススメしませんが，特に学習初期では，テキストなどに条文番号の記載があれば，こまめに条文にあたるようにしましょう。

　司法書士試験の学習では，一般的な小型の六法には掲載されていない法令も多く学習します。そこで，『司法書士合格六法』（三省堂）のような受験対策用の六法がオススメです。受験で必要となる法令が過不足なく掲載されています。

　また，先例・判例が掲載されていないため，スピーディーに条文を引くことができます。先例・判例は，テキストで覚えるものであり，六法で覚えるわけではありません。掲載されていることが受験においてはかえってマイナスとなってしまいます。

　受験対策用の六法であっても，予備校が出している六法は，正確性に欠けることも多いので，六法の編集に定評のある出版社のものを選ぶようにしましょう。

　六法に限りませんが，電子版より紙の書籍がオススメです。周辺情報も目に入るため，自然と繰り返す回数が増えて関連事項が整理でき，記憶がしやすいからです。

　条文を引くたびにマーカーで条文に色を塗るといいでしょう。黄色⇒オレンジ色⇒ピンク色と，引くたびにより濃い色を塗るようにしていけば，何回も引く重要条文が一目でわかるようになります。

13 全体を見ることの重要性

膨大な学習範囲の中で，たくさんの知識を覚えなければならない状況で，全体像を理解せずに１つひとつをバラバラに覚えても，知識と知識が結びつかず，到底覚えられません。

■大きな幹を押さえた上で枝葉をつけていく

たとえば，地図を確認するときはどのような見方をするでしょうか。まず，幹線道路や鉄道などの大動脈を把握し，市役所・ホール・大規模商業施設という大きな目印を見つけてから，細かな路地を見ていくでしょう。いきなり細かな路地を覚えようとしても，どこだかわかりません。

これと同様に，まず，大ざっぱで構わないので学習内容の全体像を確認しましょう。そして，**常に全体像を確認しつつ，「今学習している知識がどこの知識なのか」を把握しながら学習を進めること**が重要です。つまり，大きな幹を押さえた上で，枝葉をつけていくというわけです。

■ざっくり全体像を押さえる

全体像を確認するためには，司法書士試験の法律全体を大ざっぱに説明した入門書を読んでから，基本書の学習に入るといいでしょう。入門書とは，具体的には次のような書籍です。

① 『ゼロからスタート！　海野禎子の司法書士１冊目の教科書』
（海野禎子・KADOKAWA）
② 『スタートアップ！　司法書士超速習テキスト』
（山田巨樹・中央経済社）

ただし，学習のメインは，この後の基本書での学習です。入門書は，全部を

理解しようとせず（わからない部分にこだわらず），時間をかけずに 1 週間くらいで流し読みする程度で済ませましょう。

　法律学習の前提となる知識・考え方が書かれている『プレップ法学を学ぶ前に』（道垣内弘人・弘文堂）もオススメです。

　また，それぞれの科目の最初にその科目の全体を説明した本を読むのもいいでしょう。これもサッと読むということでなければいけません。たとえば，『伊藤真の民法入門』（伊藤真・日本評論社）などがこれに当たります。不動産登記法・商業登記法の学習を始める前に『新人司法書士・補助者のための登記業務現場の教科書』（福島崇弘・中央経済社）を読むとイメージがしやすいでしょう。

■全体像を意識するために「目次」を横に置く

　基本書や予備校の講義での学習が始まった後も，**全体を常に意識すること**が重要です。

　司法書士試験において覚える知識は細かい知識ですから，全体像を意識しながら学習を進めようといっても難しいですよね。しかし，簡単な方法があるのです。それは，**「目次」を利用すること**です。

　学習の区切りに目次を見返すことで，「今は全体のどの部分に位置付けられる知識を覚えているのか」が一目瞭然となるのです。たとえば，民法の先取特権の学習をするときには，目次をチェックして，「民法の中の物権の中の担保物権の中の典型担保の中の法定担保物権だな」と把握することで頭の整理ができ，知識を定着させやすくなります。

　ただ，目次をいちいち開くのは面倒でだんだんサボりがちになります。そこで，**「目次」をコピーして横に置きながら学習をする**ようにしましょう。イヤでも全体像を意識しながら学習を進めることができます。

　よく，「すべての法律が 1 つの法律になったときが合格のときだ」とも言われますが，これは全体像を意識することの重要性を語っています。

14 最初のインプットはわからなくても先に進もう

Check!

　さぁ，いよいよ本格的な学習が始まります。最初は基本書や予備校の講義で法律知識を理解してインプットしましょう。法律知識を理解していなければ，過去問集も暗記ツールも使いこなせません。かく言う私は，いきなり過去問の学習から始めて1ヵ月ほどを無駄にしてしまいました。

■できるだけ早く全体を1回転する

　1回目のインプットは「**とにかく進めること**」が**重要**です。知識は繰り返さなければ暗記することができません。しかし，繰り返すためには，インプットが一通り終わっていることが必要です。全体像を把握するためにも，できるだけ早期に全体の学習を1回転させましょう。

　予備校の講義を受講する場合は，講義のスケジュールを守って遅れないようにしましょう。通信講座の場合は，「復習が終わったら次の講義を聴く」というやり方だと予定からどんどん遅れてしまうので，通学講座を受けるつもりで講義を聴く日を決め，その日までに復習をしましょう。

　合格のためには，**直前期にすべての知識を頭に詰め込むことが必要**です。スケジュール通りに講義を受ければ，直前期に時間が確保できるはずです（講義の終了が5月や6月になるような講座は初めから選ぶべきではありません）。しっかりスケジュール通りにこなしましょう。

　効果的な復習法は後述しますが，**講義で説明されたことを理解し，過去問を行い，暗記ツールなどで覚える**，これを次の講義までに行うようにしてください。

■4〜6ヵ月を目安に1回転する

独学の場合は，**基本書をどんどん進めていきましょう**。独学のデメリットは，講義というペースメーカーがないことですが，それは，どんどん先に進めることができるというメリットでもあるのです。

細かい部分は覚えきれていなくもよいので，とにかく早期に1回転することで，その後の学習をスムーズに進められます。4〜6ヵ月を目安に1回転するとよいでしょう。

その際，「基本書のどこがポイントか」がわからず，重要な部分・暗記すべき部分がわからないので，暗記ツールを併用しましょう。独学は，早期に1回転することが有利な点なので，暗記ツールを併用するなら，過去問集はその後から利用するということでもかまいません。

■先に進むために

予備校を利用する受験生・独学の受験生に共通して大切なことは，「覚えきれていなくても進む」，「理解できていない部分があっても進む」ということです。

もちろん，理解しよう，覚えようとすることは重要です。でも，覚えていないから進まない，理解できない部分があるから進まないとしていたら，いつまで経っても学習範囲が終わらなくなってしまいます。

理解できない部分が出てきたら，次のどちらかの方法で乗り切りましょう。

> ①　付箋をつけて後回しにする。
> ②　とりあえず丸暗記してしまう。

法律は「全体で1つのシステム」ですから，そもそも後ろのほうを学習しないと理解できないことも多々あります。また，本当に大事な部分なら後で何度も出てきます。どうせ何回も繰り返すことになるので，1回で全部できなくてもあまり心配する必要はありません。

「どうにかなるだろう」といういい加減さも必要となるのです。

15 その科目に全力集中 !!

最初のインプット段階で注意すべきことは何でしょうか。まず，どの順でどの法律を学習するかという「学習順序」です。その次に，「すでに学習した科目との兼ね合い」です。これらについて説明していきましょう。

■ どの科目から学習をするか

最初のインプット段階では，次の順序のように，一般的な予備校の講義や基本書の掲載順に素直に従って学習を進めるとよいでしょう。

> Step① 民法
> Step② 不動産登記法
> Step③ 会社法（商法）
> Step④ 商業登記法
> Step⑤ 民事訴訟法・民事執行法・民事保全法
> Step⑥ 供託法・司法書士法
> Step⑦ 憲法・刑法

「**民法**」は，不動産登記法・会社法・民事訴訟法などの基本となる法律なので，最初に学習しましょう。

「**会社法**」は，商業登記法の基礎となるので，最初のインプット段階では，会社法を完成させてから，商業登記法の学習に進みましょう。会社法自体の難易度が高いため，まずはそれに集中したほうがよいからです。難易度が高く複雑なものは，シンプルな形に分解しないと理解が深まりません。中上級者や学習が進んだ段階であれば，会社法と商業登記法をセットにすると，知識を関連させて覚えることができて効率的です。

「**憲法・刑法**」は，他の法律とあまり関連性がないので，いつ学習しても構

いません。あえて言えば，あまり早めに学習しても，他の法律で出てくること
もなく忘れやすいので，最後のほうに行えばよいでしょう。

■すでに学習した科目との兼ね合い

　次に，科目が進んだときに，受験生が気にするのが「すでに学習した科目と
の兼ね合い」です。具体的には，「今取り組んでいる科目もやりたいけど，前
にやった科目の内容も忘れそうで不安…」というものです。

　原則として，**新たに学習する科目に集中する**ようにしましょう。前の科目も
不安だと思いますが，その不安と向き合ってしまうと，いくら時間があっても
前に進めません。

　また，前の科目にも力を入れながら，今取り組んでいる科目の学習を進める
と，今取り組んでいる科目も中途半端になってしまい，さらにその次の科目に
進んだときに，不安がより増幅してしまいます。

　ただ，学習を進める中で関連知識が出てきた場合には，その項目を復習する
ようにしましょう。関連付けて覚えることができるからです。特に，商業登記
法を学習しているときに関連する会社法の項目を確認すれば，会社法の復習に
もなって，商業登記法の理解も進みます。会社法と商業登記法を別々に学習す
ることにより，復習の回数が増やせるという意味もあるわけです。

■一度はすべての科目を完了させる

　すべての科目において，早期に一度完了させる必要があります。全体を学習
しなければ理解できない知識も多く，一度完了させた後は復習時間も短縮され
ていきます。逆に，一度も完了させていないと，復習時間も初めからやり直す
のと大差がないほどかかってしまいます。

　特に，独学の場合はどんどん前に進めましょう。予備校の講義を受けている
場合は，進度によっては復習の余裕が生まれることもあるかもしれませんが，
それでも，「前の科目の復習は金曜日だけ」などと時間を区切って，今取り組
んでいる科目に集中して学習しましょう。

16 講義は1回しか聴かない

通信講座は講義を何回も聴くことができるのが特徴です。また，通学講座でも欠席フォローなどで講義を何回も聴けるようになってきました。確かに，急な残業や体調不良もありますから便利なサービスです。しかし，だからといって，講義を何回も聴くのはオススメできません。講義は基本的に1回しか聴かないと決意して臨みましょう。

■暗記は自分で行うべきこと

　まず，「集中力の問題」があります。「後でまた聴ける」と思うと，緊張感を持って聴けず，「次に聴いたときに理解すればいいや」と考えてしまい集中力を欠いてしまいます。

　また，講義を聴くのには時間がかかります。同じ情報量でも「読む」よりも「聴く」ほうが圧倒的に時間がかかるからです。はじめての知識は本で読むより人に聞いたほうが理解もしやすいし，インパクトがあって記憶もしやすいです。しかし，一度講義を聴いた後の復習や暗記は，テキストを読んで自分で行うべきです。

　テキストや暗記ツールで復習・暗記を行うことで，覚えていない部分は多めに時間を割き，すでに覚えている部分はさっと流すなど自分の得意・不得意に合わせてメリハリをつけることもできます。

　予備校を利用している方も独学の方も，すべての受験生に共通して言えることは，**「暗記は自分で行うべき」**ということです。試験までの時間は有限なので，無駄な時間を過ごすことなく，効率的に学習しましょう。

　講義は，受動的な学習なので，主体的な学習をするより楽に行えます。講義を聴けば，勉強した気分にはなるので，「講義をもう一度聴こうかな」と考えるのも当然なのです。だからこそ，**「講義は一度しか聴かない」**としっかり自分を律しましょう。

■講義を集中して聴くために

　講義も重要な学習時間であるという認識も必要です。集中して講義を聴けるように，次の点に注意しましょう。

① **講師の説明する具体例・イメージなどはしっかりメモする。**

　そうすれば，講義を聴き直さなくても，メモを頼りに講義内容を思い出すことができ，復習しやすくなります。また，法律の抽象的な知識もその具体的なメモを手がかりとして思い出しやすくなるでしょう。

② **理解するだけでなく，その場で内容を覚えてしまうように心がける。**

　たとえば，講師が次の話を始める前に少しの間をとったら，その場で瞬間的に確認する癖をつけるとよいです。そうすれば，講義中に復習・確認・記憶までできるので，圧倒的に復習時間を節約できます。

　ただし，家事などで聴く以外の学習がどうしてもできない場合に，一度聴いた講義を流すということはいいでしょう。私も宅建の試験のときは，車の運転中に何となく講義を流していました。安全に気をつけながらなので，流し聴きになりますが，少しでも学習時間に替えることができ，記憶の喚起をすることができました。

私の講義の利用法

勉強を始めた当初，子どもはまだ0歳だったので講義受講の時間確保が難しかったです。寝かしつけ後や早朝に聴いたり，家族の協力を得て外出しファミレスや図書館で視聴したり，配信スピードに遅れないように受講しました。講義が溜まってしまうとモチベーションも下がる気がしたからです。また，講義は1回だけと心掛け集中して聴きました。先生の話すことは雑談も含めてほとんどすべてメモをしていました。メモを見るとどんな講義内容だったかどうしてこの結論になるのか理由付けで思い出すことができ暗記だけに頼らず覚えられます。集中して講義を聴いたのは1回でしたが，運転中や家事をしている際に何度も繰り返し講義を聴き，記憶に焼き付けました。

⭐ A・Aさん

17 過去問は解かない！　解説は読まない！

Check!

　予備校の講座を受ける場合は講義の復習に，独学の場合は基本書での学習が一通り終わったら，早い段階で過去問学習を取り入れましょう。ここでは，学習初期の過去問活用法を説明します（直前期の過去問活用法はＰ122で後述）。

■学習初期ではどのように過去問を活用するのか

　過去問を使うというと「問題演習するため」と考える受験生も多いでしょう。それも一理あります。特に，学習が進むとその側面が強くなります。しかし，学習初期における過去問の活用目的は，**出題傾向を分析し，効率的なインプットをするため**です。その目的を誤ってはいけません。早期に過去問を分析することで，以下の点を把握し，効率的なインプットにつなげることができます。

> ☑どの分野から多く出題されているのか。
> ☑どの程度の深さの知識が必要とされているのか。
> ☑どのような切り口で問われているのか。

■学習初期は，過去問を読む！

　このように，**学習初期において，過去問は効率的なインプットのために使用する**のであり，力試しに使うのではありません。このことから，過去問は解く必要はありません。「解く」のではなく，**テキスト・基本書を横に開いて，参照しながら「読む」**ようにしましょう。

　知識が不十分なのに無理に解こうとすると，時間がかかるだけでなく，イヤになってしまいます。もし「解く」としても，基本書をカンニングしながら行いましょう。これにより，**試験に出るところ・出ないところ，出題傾向，ひっかけの方法がわかる**ようになります。

■テキスト・基本書で暗記する

　過去問を確認したら，必ずテキスト・基本書（場合と時期によっては暗記ツール）に戻りましょう。最終的には，テキスト・基本書で知識を覚えることになるからです。

　過去問は知識の全部を網羅しているわけではありません。たとえば，ある法律要件が6個あるとして，これまでの過去問ではそのうち4個しか問われていないとします。過去問集を暗記教材としてしまうと，残りの2個の要件が漏れてしまいます。ただ，テキスト・基本書に戻れば，「この要件はよく問われているな」ということが把握でき，残り2つについても覚えられます。

　また，過去問は体系的に並んでおらず，すべてのページが同じように構成されているため暗記に適しません。このため，テキスト・基本書に戻る必要があるのです。**過去問分析で把握できた傾向に従って，テキスト・基本書で暗記をしていくのです。**

■テキスト・基本書に戻って整理する

　過去問集の「解説を読む」のは間違いです。もしその問題が正解できたとすれば，「わかっていた」わけですから，解説を読むのは「わかっていることを確認するだけの作業」であり，時間の無駄使いです。

　また，**不正解であれば，テキスト・基本書に戻って整理すべき**です。解説にマークを付けて強調するなら，テキスト・基本書にマークしたり，メモしたりしましょう。そうすれば，**テキスト・基本書に情報を一元化することができ，それを使って記憶をしていく**ことができます。テキスト・基本書に掲載されていない知識であれば，受験生が解ける必要のない逸脱問題なので，覚える必要はありません。

　社会人などあまり多くの時間が割けない人は，過去問もあまり古くまでさかのぼる必要はありません。過去問で知識を網羅することが目的ではなく，傾向を把握して，テキスト・基本書での記憶をやりやすくするためだからです。

18 過去問の知識の覚え方

　　学習中期から直前期になると，過去問の活用目的が「問題演習すること」に移行します。つまり，過去問を読むのではなく，解く時期になるといえます。知識を覚えているかどうかを過去問でチェックし，知識を使えるように過去問で訓練し，覚えていない知識は覚えることが必要です。

■苦手な問題は何度も，できる問題はメンテナンスのために解く

　「過去問は，何回やったほうがいいですか？」と質問されることが多いです。この質問については，残念ながら，具体的な回答はありません。目的は，本試験で得点し，合格するためですから，「**同じ趣旨の問題が出題されたら解けるようになるまで**」という答えになります。

　ただ，やみくもに回数を重ねればよいわけではありません。過去問演習を繰り返すと，何回やっても間違える問題がある一方，何回やっても正解する問題もあります。これらの問題のすべてを同じ回数解くのは無駄です。

　限られた時間の中で効率的に能力を伸ばしていくためには，**苦手な問題は何度も解くようにしましょう**。一方，正解できた問題も長い間放置していると解けなくなってしまうことがありますから，たまにはメンテナンスのために解く必要があります。

■メリハリをつけて解く方法

　そこで，以下のようにメリハリをつけて過去問演習を行いましょう。

1回目	すべて解く。そのときに間違えた問題には×印をつけておく。
2回目	×の問題だけを解く。再び間違えた問題には×印の横にさらに

> 　　　　　　×印をつける。
> **3回目**　××の問題を解く。
> **4回目**　最初に戻ってすべて解く。

　その際，偶然正解した問題や知識があいまいだった問題には躊躇なく×印をつけることが重要です。過去問は正答率を競うためではなく，**本試験で正解を導き出せるようにするために取り組むもの**だからです。その選択肢の正誤について理由をつけて答えられないならば，次に出題されたときに正解できる保証はありません。

■覚えるべき知識は何か

　過去問を解くときは「**キーワードをつかんで解く**」ようにし，知識を覚えるときも「**キーワードに着目して覚える**」ようにしましょう（詳細はP 66）。そうすれば，問題の趣旨をすぐに捉えることができるようになります。結論を左右しない枝葉末節にこだわらなくてよくなるので，覚える知識もシンプルになります。

　また，過去問で出題されている知識を覚えるといっても，「この問題は誤りだ」と覚えればよいわけではありません。

　「審査請求は，6ヵ月以内に行わなければならない」という問題をこれは誤りだと覚えても，全く同じ問題が出題されなければ意味がないのです。たとえば，「審査請求は8ヵ月以内にしなければならない」，「審査請求は，書類の保存期間内にしなければならない」という問題が出題されたときに正誤の判断ができません。

　「審査請求には期間制限がない」という**根本の知識に立ち返って，これを覚えることが重要**なのです。そうすれば，どのような形で出題されても判断することができます。だから，知識を覚えるときにはテキストに戻るべきなのです。過去問演習を繰り返すこと自体はよいのですが，中には，ただ○×の答を覚えてしまっている場合もあるので注意しましょう。

19 楽しみながら学習しよう

司法書士試験の学習は，大変なことが多いです。たくさんのことを覚えなければならないし，範囲も膨大で時間がかかります。しかし，その大変さのなかにも少しでも楽しさを見つけて楽しく学習をしましょう。楽しければ続けることができます。

■楽しく学習するための2つの工夫

楽しく学習をすれば，集中力も増し，記憶する効率も上がります。興味をもって学習するだけで，記憶力が増すのです。しかし現実には，楽しく学習をすることはなかなか難しいです。心の底から楽しいとは思えることは少ないかもしれませんが，**少しでも受験勉強が楽しく思える工夫をしていきましょう。**

工夫① 丸暗記ではなく，理解しながら勉強していく。

まずはわかりやすい講義・わかりやすいテキストを選ぶことが前提です。「あ，なるほど！　そうなっているのか」と理解することができ，知的好奇心が刺激され，楽しく学習できるようになります。

ただし，「ここはもっと研究してみよう」と試験対策を逸脱してしまうことには注意が必要です。憲法の判例や刑法の理論など深入りすればするほど面白くなります。しかし，そのような学習は試験勉強ではありません。**あくまで試験に出る範囲で好奇心をもって学習することが重要**です。

工夫② 予備校を選択する際には相性のよい講師を選ぶ。

相性のよい講師であれば，「講義が聴きたい」と次の講義が楽しみになり，楽しく学習を進めることができます。いくら有名な講師でも相性が悪い・生理的に受け入れられないということであれば，講義に参加する気もなくなってしまいます。

なお，私自身は，法律を初めて知ったときの楽しい気持ちを伝えるように笑顔で講義をするようにしています。ミラーニューロンの働きで，受講生にも楽

しく思ってもらえるようにするためです。

■試験勉強をゲーム化する

　そのような知的好奇心にも限界があります。法律の手続などそれほど面白くない分野が存在するのも事実ですし，暗記はやはりしんどいです。

　そこで，**試験勉強自体をゲーム化する**のがオススメです。1つひとつの分野を敵になぞらえて，ドラゴンクエストやスーパーマリオのように，**敵を倒してパワーアップし，次のステージに進むようなイメージを持つ**のです。私も受験生のときは，1つひとつの分野に怪獣などのイラストを描き，その分野が終わるとそれを塗りつぶしていました。

　問題を解くときも，スコアをとって**得点ゲームにするとヤル気が出る**でしょう。過去の自分のスコアと比べて成長を確かめることも楽しいです。模試の成績がアップすることを楽しみにすれば，そのために頑張ることもできます。

　「ここまで頑張ったらコーヒーを飲もう」などと**自分にプチご褒美をあげることもオススメ**です。私も，朝から勉強する日は，「午後4時までは頑張ろう。4時になったら散歩をしてピーチティーを飲んで一休み」と決め，それを目標に頑張っていました。そうして一休みすると，もうひと頑張りすることもできます。

　資格取得のメリットを意識しながら学習することも効果的です。「司法書士資格をとれれば，転職ができる」，「自分の事務所を持てる」という現実的なイメージを持ちながら学習すれば，つらい勉強も頑張ることができるでしょう。

楽しく無理なく日々の学習を
再任用退職後60代後半での受験勉強でしたが，日々のルーティンをこなすことで達成感・楽しさを感じていました。私の受験期の日課は，午前3時に起床し，午前4時から午前7時まで自宅学習。午前9時から午後5時まで公立図書館で学習。そのうち2時間は景色のいい公園や海辺を散歩しリフレッシュしました。午後6時から晩酌・夕食で憩いのひととき。午後8時就寝。健康に続けられるように無理なく勉強していました。

　🐟 **安東健郎さん**

20 「選択」と「集中」～基本を大切に学習しよう～

司法書士試験の範囲は，膨大です。忙しい受験生が次の試験までにその範囲を全部網羅的に学習することは不可能です。全部に目を通すことができたとしても，繰り返すことができず，あいまいな知識にしかならない可能性も高いです。

■学習範囲を絞ることができる

　だいぶ昔の話になりますが，私が大学受験をしたときに，ある大学の世界史の試験で「イスラム教を創始したムハンマドが乗ったとされる白馬の名前は何か」という問題が出題されたことがあります。

　ブーラークというそうですが，教科書にも詳細な参考書にも掲載されていませんでした。あまりに印象的だったので，予備校の世界史の先生に合格報告に行ったときに聞いてみたら，予備校の先生も知りませんでした。講師室にあった10冊組くらいの世界史の大辞典を調べてもらったら載っていました。

　問題の中には，このようなものもあります。これらの問題をすべて正解しようと思って学習をするのは得策ではありません。どのような試験でも，8割程度とれれば合格点は取れます。つまり，**満点でなくてよいとなれば，学習範囲を絞ることができます。**

　試験の8～9割は基本的な知識から出題され，残りが基本を逸脱した知識からの出題となります。そして，そうした逸脱的な問題の学習範囲はものすごく広いのです。だから，適切な目標設定をすることで，学習範囲を大幅に絞り込むことができるというわけなのです。

■「確実な知識」をつける

　司法書士試験もこれと同じです。出題可能性のある先例などをすべて網羅し

ようなどと考えてはいけません。**試験の現場で役立つのは「確実な知識」のみ**です。あいまいな知識では正解を選ぶことができません。

そもそも，試験の緊張状態の中では，あいまいな知識を思い出すことはできません。網羅的な学習では繰り返し学習ができないため，確実な知識をつけることができず，点数を上げることができないのです。

逆説的ですが，**学習範囲を適切に絞り込み，繰り返し学習をして確実な知識をつけた人のほうが高得点を取っています**。

司法書士試験は，択一式問題のほとんどが組合せ問題です。組合せ問題であれば，5個すべての肢がわからなくても2〜3個わかれば正解を導くことができることが多いです。確率的に考えれば，3個判断できれば90％，4個判断できれば100％正解にたどり着けるのです。

たとえば，正しいものの組合せを選ぶ問題で，肢アが○，肢イが○と判断できれば，肢ウ〜肢オがわからなくても「1　アイ」という正解にたどり着けます。

司法書士試験に上位合格した人も，誰よりも多くの知識を記憶しようとしたわけではなく，適切に絞り込んだ知識を繰り返し学習し，それを本試験で使える確実な知識に昇華させたというわけです。逆に，網羅的な学習を行い，肢ア〜肢オまでの知識がテキストに載っていて，それを見たことがあるという受験生も，「見たことはあるけれど，どっちだったっけ？」という状態では点数を取れません。本試験で使えるのは，頭の中に入れた「確実な知識」だけです。網羅的な教材があっても確実な知識として頭に入れることができていなければ，意味がないのです。

適切な教材や講義，過去問の分析で，基本事項を確実な知識にできるような学習をするようにしましょう。

暗記ツールをひたすら繰り返す

講義翌日から試験開始直前まで，ケータイ司法書士が私の勉強法のメインでした。講義やテキストで理解した後は，合格に必要な知識が適切に絞り込んであるケータイ司法書士をひたすら繰り返すのみです。地味な勉強法ですが，確実な知識を身につけるための1番の近道だと思います。

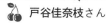 戸谷佳奈枝さん

21　いろいろと手を出すのは破滅への最短距離

Check!

　なかなか合格ができない人の共通点として，「手を広げてしまう」ということがあります。しかし，あまり手を広げてはいけません。信頼できるテキスト・基本書を選んだら，ボロボロになるまで繰り返しましょう。

■同じ教材を繰り返すほど記憶が強化される

　「このテキストでは足りないのではないか」と他のテキストに手を出してみたり，講座を次々に受講してみたり，あれもこれも手を出してしまう人がいます。YouTubeで無料公開講義などがあれば，予定があるにもかかわらず見てしまうという人もいるでしょう。

　たしかに，周りには魅力的な参考書や講座が山ほどあります。どうしても合格したいと思っているときに，予備校から「誰も知らない奥義を教えます」，「この解法を知らなければ解けない」などとプロモーションが流れてくると，つい受講したくなってしまう気持ちもわかります。

　しかし，手を広げてしまってはいけません。人間の脳は，何回も繰り返さないと覚えられないようになっているのですが（⇒P58），しかも繰り返すものは同じものでなければならないそうです。

　同じ分野だからといって，他の教材に手を出してしまうと繰り返したことにはならず，覚えられません。さらには，著者や講師によって説明が違うことなどもあり，混乱することにもなります。

　同じ教材を繰り返せば，どんどん記憶が強化されていきます。「あの知識は基本書の左側のページの上のほうにあった」，「あのページにはコーヒーのシミがあったな」など，ビジュアルな記憶・経験的な記憶になっていき，記憶を定着させることができるのです。

■合否は基本知識で決まる

　知識は，学習を何回も繰り返さないと覚えることができないので，なかなか覚えることができない最初のうちは，「他の教材のほうが覚えやすいのではないか」と疑心暗鬼になってしまいます。しかし，**それを乗り越えて学習を繰り返した人だけが覚えられる**ということなのです。

　「もしかしたら，他の基本書には載っていてこの基本書には載っていない知識もあるのではないか」という心配も，する必要はあまりありません。23ページで紹介した書籍であれば，必要十分な知識が掲載されています。それに基本書に載っていない知識で合否が決まるわけではありません。**基本知識が確実となっているかで合否が決まる**のです。

　予備校の講座についても同じことが言えます。講義は，記憶するための前提として法律知識を理解する目的で行われます。いろいろな講座を受講しても，新しい知識はあまり登場してきません。それどころか，たくさんの講義を消化することに時間をとられ，復習・暗記の時間が取れなくなってしまいます。学習時間の確保という意味でも講座をいろいろ受けるのはご法度です。

■新作問題で知識のチェック

　ただし，この「いろいろなものに手を出すのは避ける」というのは，テキスト・基本書・暗記ツールというインプット教材の話です。問題集については，この限りではありません。

　学習が進んでいくと，過去問集・予想問題集・模試や答練で知識の確認や問題演習をすることになりますが，多種の問題や新作問題を解くことで知識の確認や本試験の予行演習ができるのです。

　ただし，記憶をするときには，テキスト・基本書・暗記ツールに戻って行いましょう。記憶の対象をテキスト・基本書・暗記ツールに統一することで，記憶の強化ができます。

22　記述式問題の対策法〜ステップ①・②

Check!　司法書士試験に合格するためには，記述式問題においても一定の得点をしなければなりません。ここでは，記述式問題を得点源とするための学習法について説明していきましょう。

■記述式対策の４ステップ

　記述式問題で得点をするための学習は，次の４つのステップに分けることができます。

> Step①　記述式問題で出題される知識を習得する。
> Step②　登記申請書のひな形を覚える。
> Step③　解法を知る。
> Step④　演習する。

　ここでは，①・②の話をしましょう。

■ Step① 記述式問題で出題される知識を習得する

　記述式問題では，不動産登記・商業登記の登記申請をするための知識が問われています。そのため，そのような知識を身につける必要があるのです。

　しかし，記述式問題特有の勉強をする必要はありません。記述式問題で問われる知識は，択一式問題で問われる知識より少なく，択一式問題を解けるようにするための知識の中に含まれてしまうからです。ですから，予備校の講義や基本書での学習の中で知識をしっかり押さえるようにすることが記述式問題の対策にもなります。

　また，択一式の過去問学習の中で記述式問題でも問われそうな知識があれば，「記述式問題ではどのような形で問われることになるか」を考えておくことも

有効です。

■ Step② 　登記申請書のひな形を覚える

　記述式問題で最終的に解答として記載することになるものは登記申請書です。よって，登記申請書のひな形はしっかり書けるようにしておかなければなりません。

　講義や基本書で出てくるごとに覚えてもよいのですが，スキマ時間で学習したり，ひな形を集中的に学習したりできるように，**ひな形集を使って学習するとよいでしょう。**

　ひな形集としては，『ケータイ司法書士』（森山和正・三省堂）のⅤ・Ⅵがあります。不動産登記・商業登記ともに110～120個ほどのひな形が問題とセットで掲載されています。ひな形ごとの理論を学べば，これくらいの分量で十分です。

　ひな形集に掲載されているひな形を書けるようにするために，何回も声に出して読んでみたり，ひたすら書いたりしてください（第3章も参照）。特に記述式問題が出題される午後の部は，時間との闘いです。記述式問題においても，問題文を整理して論点を抽出するのに時間がかかります。ひな形をゆっくり思い出している時間はなく，瞬時に思い出せるようにしておかなければならないのです。

　また，**ひな形をただ書けるようにするだけではなく，そのひな形を使う場面を押さえる必要があります。**「どんなことが問われたら，どのひな形を書くのか」をしっかり押さえるようにしてください。『ケータイ司法書士』のように，問題や事例が掲載されているひな形集であれば，その問題や事例と関連させてひな形を覚えましょう。具体的には，問題を見て少し考えてから，ひな形を確認するようにするとよいでしょう。

23 記述式問題の対策法～ステップ③・④

Check! 記述式問題で得点をするための学習についての4つの段階のうち①②について説明しましたが，ここでは，「Step③　解法を知る」，「Step④　演習する」を説明します。

■ Step③　解法を知る

　記述式問題の難しさは，問題文で与えられた情報を短時間で整理しなければいけないところにあります。知識が難しいわけではありません。1つの論点を構成する情報が問題文のあちらこちらにあって，それを再構築しなければならないのです。

　たとえば，商業登記法の問題において，株主名簿管理人を設置するときには，「定款の記載」，「取締役会議事録」，「契約書」という3つの情報が必要となりますが，これがバラバラのページに与えられているのです。その情報を集めてきて，「株主名簿管理人を設置できるかどうか」を検討しなければなりません。これを複数の論点で行うことになります。

　これを効率的に行えるようになるには，知識があるだけではダメです。**「どの情報をどの順番で検討するのか」，「何を見たら何に注意するのか」を知っておかなければなりません**。これが記述式問題の解法です。

　解法も1つではありません。「図を描くか否か」，「チャートを書くか否か」など大きな違いもありますが，人によっても，「いつ何を検討するとわかりやすいか」の違いもあります。そのため，**試行錯誤して微調整しながら自分に合う解法を身に**つけていく必要があります。

　ただ，自分でゼロから解法を生み出すことは時間がかかってしまいます。限られた時間の中で合格を目指している以上，解法はプロから教えてもらいましょう。自分に合わない部分は，その解法をたたき台として微調整していけばよいのです。

解法を学べる方法としては，書籍と予備校の解法講義があります。書籍としては，具体的に『司法書士試験 リアリスティック 記述式』（松本雅典・日本実業出版社）があります。ただ，書籍は種類が少ないのが現状なので，予備校の解法講義を受ける受験生も多いです。

■ Step④ 演習する

記述式問題を解けるためには，論点知識・ひな形・解法が必要だとお話ししましたが，これらを活用して**本試験で実際に問題が解けるようになるためには，本試験形式の問題を解く練習が必要**です。

特に解法を使いこなせるようにするためには，場数を踏む必要があります。『司法書士 山本浩司のautoma system 記述式』（山本浩司・早稲田経営出版），『司法書士試験 リアリスティック 記述式問題集基本編・応用編』（松本雅典・辰已法律研究所）などの問題集を利用するか，予備校の答練などを受けましょう。

解けなかった問題は，その答えを確かめて知識的な確認をするだけでなく，「どこを見たら気づけたのか」，「どのように検討すれば間違えなかったのか」についても具体的に考察しましょう。

その上で，その考察の結果を1冊のノートにまとめるなどのまとめをしておきましょう。自分の間違いを一覧できる弱点集として，復習に便利です。それをもとに解法の微調整もできるようになります。

解法を身につけるため多くの問題を解く

答練が始まる4月までは，ひたすらケータイひな形集を繰り返し，ひな形はほぼ完璧！の状態で初めての答練に挑みました。しかし結果はボロボロでした。問題文から必要な情報を収集し，整理する練習ができていませんでした。そのため，本試験までの3ヶ月間は，できるだけ多くの演習問題に触れてその練習をし，自分にベストな解法を確立させるようにしました。教材は極力増やさないようにしていましたが，記述式は多くの問題を解くために，記述式の過去問集と記述式の演習講座を追加しました。

戸谷佳奈枝さん

森山の受験体験記 episode 2
開始早々，勉強法を間違えて棒に振った１ヵ月

　パンフレットに書いてあった司法書士の年収と，大学在学中にどうにかなるだろうという情報だけで司法書士試験の学習を始めることにしたので，「司法書士はいったい何をやる仕事なのか」をわかっていませんでした。

　講師になってから受験生を見ていると，「司法書士になってこんなことをやってみたい」など，みんな明確な動機をもって頑張っていることに頭が下がります。私は，不動産登記法の学習をしてから，「司法書士って登記をする仕事なんだ」とはじめて知ったくらいですから。

　ただ，絶対一発合格してやるという覚悟は人一倍ありました。大学受験で２浪したときは，同級生360人のうち３人だけになってしまい本当につらい思いをしましたから，もう浪人はしたくないと本気で考えていたのです。司法書士試験に自分の人生をかけることにしました。

　大学３年生のときの平成10年11月１日，いよいよ学習開始です。大学受験の予備校では過去問を中心に講義をしており，それで成績が伸びたことを思い出して「過去問ができるようになれば合格できるのだ」と考えて，過去問集を買ってきて解き始めました。

　民法総則から１日15問くらいのノルマを決めて１ヵ月くらいで民法の過去問を解き終わりました。今では40年分以上の問題が掲載されていますが，当時の過去問集には過去15年分くらいの問題しか掲載されていませんでした。ですから，そのノルマでも１ヵ月くらいで解くことができたのです。

　ところが，１ヵ月たってから振り返ってみると，何もわかっていないのです。１ヵ月が無駄でした。大学受験のときは，高校までの知識がある上での過去問演習だったから意味があったのですが，法律についての基礎の理解が何もなかったので，過去問を解いても無駄になってしまったのです。

　「まず基礎知識をつけよう」と本書で述べているのは，このような理由があります。早速，計画の変更を迫られてしまいました。

第3章

合格する記憶法

24 「忘れること」を受け入れる

司法書士試験の一番の難しさは，範囲が広いことだとお話ししました。覚えることが多いのです。「究極の暗記大会」などという人もいます。裏を返せば，難しい理論を理解しなければならないわけではなく，たくさん暗記すれば合格に近づくということです。今までの学歴や勉強歴などに関係なく，適切な方法でしっかり学習をすれば，合格を勝ち取ることができる試験といえます。

■脳は忘れるようにできている

　この章では，司法書士試験の合格を勝ち取るために必要となる記憶法についてお話をします。「覚えることが苦手でなかなか覚えることができない」，「覚えてもすぐに忘れてしまう」という人も安心してください。

　脳は忘れるようにできていて，**「覚えられない」というのは当然のこと**なのです。皆さんは，コンビニでレジを打ってもらった店員さんの顔などは家に帰れば忘れてしまっているでしょう。また，駅前などで建物が取り壊されて空き地になってしまうと，今まで何があったのか思い出すことができないでしょう。

　人間の脳は，見たもの・聞いたものをスマホの動画のようにすべて覚えていたら，2時間で容量がいっぱいになってしまうそうです。だから，このように生きていくのに特別必要でないような知識はわざと忘れるようにできているのです。

　また，経験したことをすべて覚えていたら，いやな記憶がいつまでも残りストレスでいっぱいになってしまうでしょう。**忘れるということは，人間らしく生きるために必要なことであり，まさに脳が正常に機能しているといえる**のです。

　このように考えておけば，忘れることにビクビクすることもなくなるのではないでしょうか。なかなか覚えられないのは当然のこと。覚えるのに時間がかかっても焦る必要はないし，忘れてしまっても落ち込む必要はないのです。

「忘れる」ということは，一度覚えた人だけができることであり，きちんと覚えようと頑張っている証拠です。「忘れるとは覚えた人だけの特権」なのです。「自分はできない…」と悲観する必要はありません。まずは，「忘れるのは当然のことなんだ」と受け入れてしまいましょう。

■生存に必要な情報だと勘違いさせる

では，どのようにすれば記憶ができるのでしょうか。

先ほど脳は忘れるようにできているといいましたが，脳の中の海馬という組織が，脳に入ってきた情報を「蓄えるべき情報」と「捨てるべき情報」に選別しているそうです。そして，その基準は**生存に必要な情報か否か**ということです。

人間も動物であり，狩猟生活においてはちょっとの判断ミスで生きていくことができなくなります。そこで，脳は生存に必要と思われる情報を優先的に覚えていき，そうでないものを忘れるようにしたのです。

司法書士試験に必要な知識は，そのような人間の生存に必要な知識とは言えないのは明らかです。だから，脳は積極的に覚えようとしません。

それならば，**「この知識は生存に必要な知識だ」と海馬に勘違いさせればよ**いのです。次項からは具体的な方法を紹介しますので，適切な方法で合格のために必要な知識をどんどん覚えていきましょう。

なお，最新の研究では，年齢を重ねても記憶力は低下しないことがわかってきたそうです。単純な丸暗記の能力は低下するものの，全体的な記憶力はあまり衰えないのです。年齢に合った方法を実践すれば，年齢に関係なく記憶することもできるのです。

> **記憶のコツ**
> 森山先生の講義中に聴いた分かりやすい例えは，テキストの余白にメモして，論点とセットで覚えるようにしていました。また，難しい論点は，身近な出来事に落とし込んで覚えるようにしていました。これらのことで，無理なく知識として定着させることができました。

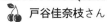 戸谷佳奈枝さん

25　理解して覚える

　　　　合格するためには，たくさんの知識を覚えなければなりません。しか
　　　し，それらの知識を丸暗記することはできません。私たちは，コン
　　　ピューターではありませんから，丸暗記で覚えられる分量には限界があ
　　　るのです。

■理解を伴った記憶を意識する

　「皆さんは，円周率を何桁まで言えますか？」

　この質問を受験生にすると，「3.1415」くらいまでしか言えない人がほとん
どです。これは意味のない知識の丸暗記だからです。丸暗記できる知識はそれ
ほど多くなく，また忘れやすいのです。これに対して，**意味のある知識につい
てはたくさん覚えることができ，忘れにくい**のが特徴です。

　たとえば，「古池や蛙飛び込む水の音」という俳句を覚えている人も多いと
思います。円周率は5桁くらいしか覚えられなかったのに，俳句では17文字も
覚えられるのです。サラダ記念日の短歌を覚えている方もいるでしょう。31文
字だって覚えられるのです。理解を伴った知識は他の知識と結びつくため覚え
やすくなるのです。

　また，小学生などと異なり，**大人は単純暗記が得意ではなくなり，理解や思
考を伴った記憶をする能力が発達する**そうです。年齢を重ねて「記憶力が悪く
なった」というように嘆く人は多いですが，脳の記憶する機能が衰えたわけで
はなく，**得意とする能力が変化した**というわけです。このことからも，資格試
験においては**「理解を伴った記憶」**を意識していく必要があるのです。

■理由や意義と関連付けて覚える

　幸いにも法律知識には意味があります。民法などの実体法では「この人を保

護しないとかわいそうだな」など，**立法趣旨を考えながら知識を記憶していく**ことが必要です。

　これに対して，不動産登記法などの手続法においては，「印鑑証明書の提供が必要だ」などの単純な手続を覚えるだけなので，丸暗記を強いられると思うかもしれません。しかし，手続法についても理解して覚えることができます。

　それは，「その手続がなかったとすれば，どのような不都合が生じるか」と考えればよいのです。「印鑑証明書を提供しなければ，本人確認ができず，本人になりすました地面師からの申請ができることになってしまう。だから，印鑑証明書の提供が必要なんだな」という具合です。

　講義やテキストなどでインプットするときには，単純に知識を覚えるのではなく，**その知識の周辺に「なぜならば〜」などと記載されている理由付けや意義のところと関連付けて覚える**ようにしましょう。暗記ツールには必要な知識は掲載されていますが，その意味は書かれていません。暗記ツールを利用する前に，講義やテキストでその意味を理解しましょう。

■絶対に理解できないといけないわけではない

　注意してほしいのが，「理解できない部分もある」ということです。**理解できない部分はとりあえず暗記してしまおう**という姿勢も必要です。

　暗記しているうちに他の科目の知識とつながったり，時間を置くと理解できたりすることもあります。また，最悪，理解できていなくても，覚えていれば問題は解けます。

　実際，合格者にも，「供託法は理解できていないのになぜか解ける」という感覚の人は多いです。**理解は暗記をしやすくするための手段**にすぎません。理解できなければいけないとは思わないでください。理解できない部分があっても立ち止まらず，とりあえず暗記して学習をどんどん進めていきましょう。

26 理解できないときの力技

 Check! 知識の趣旨がわからない場合には，理解して記憶することができません。ここでは，そのような場合の力技をご紹介しましょう。

■単純暗記しなければならない知識

　丸暗記ではなく，「理解することで効率よく記憶できる」と述べました。しかし，**意味がなく，単純暗記しなければならない知識**も少なくありません。

　たとえば，「総株主の議決権の100分の3以上の議決権を6ヵ月前から引き続き有する株主は，株主総会の招集を請求することができる」という知識の100分の3という数字には，意味がありません。ある程度まとまった数の株式を有する株主という趣旨であれば，100分の2でも100分の4でもよかったはずなのです。

　また，テキストに趣旨が載っていない知識もあるでしょう。そもそも，不動産登記法や商業登記法の通達・先例には，「この申請には，登記識別情報は不要だ」と理由なく言い渡されるだけのものもあり，このようなものははじめから理由がよくわかりません。

　そのような場合，どのように覚えればよいでしょうか。

■ 力技① 自分で理由付けをこじつける

　テキストや過去問で登場した知識の理由がわからない場合，**理由を自分でこじつけてしまえばよい**のです。自分でこじつけた趣旨は，もちろん本当の理由とは異なることになります。しかし，記憶するための手段にすぎないので，理由なんて適当で構いません。

　「名前順だから」などという単純なものでもよいのです。それだけで覚えや

すくなりますし，本試験においても，知識を思い出しやすくなります。一生懸命理由をこじつける過程でその知識のことを何回も考えますから，その意味でもしっかり記憶できてしまうでしょう。

■ 力技② 　語呂合わせも有効な武器になる

語呂合わせは，**意味のないものに意味を与える手段**です。「ナクヨ鶯平安京」と語呂合わせにすれば，794年という意味のない年代に意味が出てきて覚えやすくなります。語呂合わせは邪道な武器でなく，意味のないものに意味を与える正攻法といえるのです。

ただ，どんなものにも語呂合わせを使えばよいというわけではありません。昔，英単語集で，すべての英単語に語呂合わせがついている本がありました。英単語は英語と日本語を覚えればよいだけなのに，この英単語集は，それにプラスして語呂まで覚えなければならず，負担が増えるだけでした。

語呂は，以下のようなときに使いましょう。

> ☑意味のない知識を覚えるとき（数字など）
> ☑順番を覚えるとき（先取特権の優先順位など）
> ☑過不足なく覚えるとき（連帯債務の絶対効など）

語呂合わせは，どうしても覚えられないときに自作すれば，必要なときに利用できるようになります。また，『司法書士試験　暗記のターゲット100』（森山和正・中央経済社）にも選りすぐりの語呂合わせを掲載していますので，参考にしてみてください。

そして，インプット・アウトプットを繰り返して，語呂を経由しなくても知識を思い出せるようにしておけば，何の語呂かわからなくなることもなくなります。外国語として英語を学習する場合，英文法の学習が不可欠ですが，実際には「文法を意識しないレベル」までもっていかないと英語を使いこなすことができないことと同じです。

27 繰り返さなければ覚えられない

 Check!

記憶するためには，脳の中の海馬に「この情報は生存に必要だ」と思わせなければなりません。そこで，重要なのは「繰り返し学習」です。何回も繰り返し接する情報だから生存に必要な情報に違いないと海馬に思わせるのです。

■見る回数を増やす

ある知識を覚えるときに，同じ学習時間ならば，その知識を丁寧に少ない回数学習するより，**1回1回は短い時間でも回数を増やすほうが確実に覚えることができます**。高校生が，単語カードを高速でめくっているイメージです。

私も受講生に，「覚えたい図表をトイレに貼ろう」，「覚えたいことをスマホの画面に設定しよう」とアドバイスしています。見る時間は一瞬かもしれませんが，**何回も見ることで覚えることができる**というわけです。

総合4位で一発合格した小野彩加さんが『司法書士試験 すぐに結果が出る勉強メソッド55』（中央経済社）の中で「テキストを何度見ても，過去問を解いても，お風呂で勉強しても，どうしても覚えられない箇所は，最後の手段として，腕に油性ペンで書くということをしていました」と書いています。腕に書くことで何回も見ることができます。また，油性ペンで腕に書くなんてことは日常ではしないことなので，「ここまでやっているんだ」という暗示効果も絶大でしょう。ここまでやるのかと思う受験生もいるでしょうが，受かる人は，とにかく合格するために精一杯頑張っています。

■復習のタイミング

繰り返す時期にも工夫が必要です。海馬は1ヵ月の間に情報の要否を判断するそうなので，最初はその間に繰り返すことが必要です。講義や基本書で知識

を覚えたら，その日のうちに復習し，1週間以内に再度復習するという要領です。その後も時々メンテナンスすることが必要で，直前期にはとにかく繰り返す必要があります。

■同じ教材を繰り返し，エピソード記憶で脳に刻む

　繰り返すときは，同じテキスト・基本書・暗記ツールを繰り返すことが重要です。同じ教材を繰り返すことで，「あそこの右側のページにあった知識だな」，「コーヒーのシミがあったページの知識だ」というように思い出しやすくなるからです。

　テレビで見た景色より，旅行に行って実際に見た知識のほうが思い出すことが容易でしょう。これは「エピソード記憶」というそうで，根深く脳に刻み込まれることになるからです。同じテキストを使い続けることで，知識がエピソード記憶となるわけです。

　同じ情報に繰り返し接しても，異なるテキストではそうはいきません。「テキストの左ページ」という体験と結びつかない知識となってしまい，思い出すことが難しくなります。

■覚えられるまで繰り返す

　「何回やっても覚えられない」という相談もよく受けますが，回数を聞くと「4～5回」という答えが返ってきます。4～5回で覚えられたら天才です。もっと繰り返す必要があります。

　「子どもの頃はもっと楽に覚えられた」ともよく言われますが，小学生の頃だって，九九の暗唱を半年以上にわたって宿題で出されたり，漢字練習をイヤというほどやったりしていたはずです。大人になると，繰り返し学習をするクセがなくなっているだけなのです。覚えられるまで繰り返せばよいのです。

28　繰り返すための工夫

 Check!　記憶をするためには，繰り返すことが必要です。では，そのためにどのような工夫をすればよいでしょうか。

■繰り返すことを優先

　たとえば，ひな形集を使って不動産登記・商業登記のひな形を覚える場合を考えてみましょう。

　不動産登記・商業登記について覚えるべきひな形は，それぞれ120枚程度ありますが，これを「毎日各科目1枚ずつ120日かけて覚えよう」としてはいけません。これでは，120枚のひな形をそれぞれ1回ずつしか繰り返すことができません。

　「毎日各科目20枚ずつ覚えて，120日で20回繰り返そう」という目標を立てるべきです。たしかに，毎日20枚を覚えても忘れてしまうかもしれません。しかし，1回の勉強をいくら丁寧に行っても完全に覚えることはできないのですから，1回1回の学習でその知識を丁寧に学習するよりは，繰り返すことを優先すべきです。

　ペンキ塗りと同じで，1回1回は薄く塗ってあまり変わりがないように見えても，何回も塗り重ねていくうちに，きちんと仕上がっていくのです。テレビドラマの主題歌は毎週たった1回聴くだけでも，毎週聴いていれば最終回までには自然と覚えるでしょう。1日に連続して10回聴いても覚えられません。適切な間隔で繰り返すことが重要なのです。

■時間をかけずに軽く復習する

　新しい項目の学習を始める前に，それまでの学習内容を軽く復習してから始

めることも効果的です。たとえば，今日覚えるべきひな形が81枚目から100枚目の20枚のひな形だとしましょう。この場合，前日の学習範囲である61枚目から80枚目までに簡単に目を通してから始めるとよいということです。

これで繰り返す回数が1回増えます。しかも，1日空いているので，記憶を強化するのに最適な間隔です。さらに，今回の学習との連続性が図られ，知識のつながりを確認し，全体を意識しながら学習を進められます。

ただ，**この復習には時間をかけない**ことが必要です。あまり時間をかけすぎると，先に進めなくなってしまうので，目を通すだけにしましょう。短時間でも目を通すだけで，「そんな情報があったな」と必要な知識を確認でき，記憶を強化できます。このひと工夫が大きな差となって現れるのです。

講義の前，講師が話し始めるまで前回の部分に目を通しておくなど，工夫してみてください。また，**夜寝る前に，今日学習した範囲を復習する**こともオススメです（⇒P64）。

■アドバイスを実際に実行できる人は少数派

どうしても覚えられず，繰り返したい知識は，自然と繰り返すことができるような工夫も必要です。

> ☑トイレやお風呂などに貼っておく。
> ☑スマホの待ち受け画面にしておく。

前述したとおり，私も，覚えにくい項目が出てくると，「トイレに貼っておいてね」と言うことがありますが，**実際に実行する人は少数派**です。「そこまでしなくてもいいか」と思ってしまうのでしょう。

アドバイスを聞いて納得しても，それを実行できる人は10％くらいだという調査もあるようです。そして，**実行している人の合格率は本当に高いです**。このような工夫もしっかり実行して，繰り返す回数を増やしていきましょう。

29 インパクトある知識へ

インパクトのある情報は生存に必要なことが多いので，記憶に刻まれます。そこで，これを逆手にとって情報にインパクトを与えることで，海馬をだまし，覚えさせることができるのです。

■情報にインパクトを与えるには

　書籍を読むより，講義を聴いたほうが理解しやすい上に，記憶に残りやすいのはなぜでしょうか。これは，目で見るだけの書籍よりも，耳から入ってくる講義のほうが「インパクトのある情報」だからです。

　そうであれば，**基本書を読むときにも，講義を受けたのと同等の効果を得るために，情報にインパクトを与える**必要が出てきます。

　そこで，書籍を読むときには突っ込みながら読むようにしましょう。たとえば，「この事例では，善意の第三者を保護する。悪意の第三者は保護しない。」とテキストに書いてあるとしましょう。

　ここで，「善意」とは知らないという意味であり，「悪意」は知っているという意味です。この記載を読んだときに，「よかった！　善意の第三者，保護されて…。何も知らないのに保護されないとかわいそうだもん。悪意の第三者は知っているんだから仕方がないな」と心の中で突っ込みながら，読んでいくのです。

　これにより，**単なる文章が感情のこもったインパクトのある知識となる**というわけです。もちろん，それでも１回で覚えることはできません。繰り返し学習をする必要はありますが，繰り返す回数を減らすことができます。

■感情移入しながら学習する

　日常生活においても，とても嫌だったことや嬉しかったことはいつまでも忘

れないで覚えていますよね。感情と記憶は非常に強く結びついています。これも**感情的にインパクトのある情報は生存に必要なものであることが多いから**と言われています。

　具体的には，判例であれば当事者の気持ちになったり，手続法の学習では自分がその手続をしているつもりになったりするということです。先ほどの書籍に突っ込む事例も，感情的な突っ込みとなっています。

■体を使う

　単に書籍を黙って読むだけではなく，体を使うと記憶につながります。

　まず，**覚えたいことを紙に大きく書くこと**も記憶につながります。私も，覚えたいことが出てきたら，紙に書きなぐっていました。

　また，**声に出すこと**も非常にオススメです。目から入ってきた情報より耳から入ってきた情報のほうが記憶につながるからです。掛け算九九をいまだに覚えていたり，昔聴いた音楽を思い出すことができたりすることからわかるでしょう。また，書くよりも声に出したほうが，時間が短くて済むので学習の効率化にもつながります。

　たとえば，不動産登記・商業登記のひな形を覚えるときは，音読したり，テキストから目を離して声に出す練習をしてみたりすることをオススメします。

　一連の流れで歌のように覚えれば，試験当日の書き忘れなどもなくなります。一度覚えれば，歩いているときやお風呂の中で口ずさむことで，テキストがなくても復習することができるようになり一石二鳥です。

落書き帳に書きまくって覚える
私は書いて覚える派でしたが，ただ手を動かす作業にならないように，キーワードは声に出しながら書くようにしていました。A4サイズの落書き帳を使っていて，最終的には30冊ほどになりました。だんだん積み上がっていく落書き帳を見ると，これだけやっているんだからという自信にもつながりました。

 戸谷佳奈枝さん

30 記憶できる工夫

 Check!

司法書士試験においては，多くのことを記憶しなければならないので，記憶しやすくなる工夫はどんどんしていきましょう。

■すぐできる3つの工夫

☑楽しみながら勉強する

「シータ波という脳波が出ている状態が記憶しやすくなる」という研究があります。記憶するために繰り返す回数を大幅に減らすことができるということです。シータ波は，ドキドキワクワクしているときに出る脳波です。ですから，**楽しみながら勉強をすることで記憶できる**のです（⇒P40）。

☑散歩しながら覚える

体を動かすとシータ波が出るとも言われています。合格者の中には，覚えたいときは机に座らず，部屋の中を歩き回りながらテキストを音読していた方もいました。また，散歩しながら覚えたことを口ずさんでみるなどすれば，記憶しやすくなるでしょう。散歩は気分転換にもなりますので，勉強に疲れたときに散歩すれば，頭がリフレッシュできてあと一頑張りできるようになります。

☑よく寝て記憶を定着させる

記憶は夜寝ているときに脳に定着するので，**寝る前に覚えたいものを確認して，よく寝る**ようにしましょう。時間がない受験生の方は，睡眠時間を削ろうと思うかもしれませんが，睡眠時間を削ってしまうと，記憶が形成できません。他の部分に無駄な時間がないか探すようにしましょう。

■覚えたメモは消す

そのときに**記憶したい情報をはじめから絞り込む**ことも必要です。講義を受

けたときに書き込みをしたり，過去問を解いて間違ったときの正しい知識をテキストに書き込んだりするように述べましたが，時間が経過するにつれて，必要な情報は変わってきます。

　もうすでに完全に覚えている知識より，新たに覚えるべき知識に力を入れて繰り返す必要が出てくるのです。ですから，**すでに覚えてしまって意味のなくなった書き込みは消すようにする**とよいでしょう。

　そうすれば，そのときに必要な書き込みだけを見ることができるようになります。また，消すときに，「その書き込みはもう二度と見ることはできない。しっかり頭に焼き付けよう」と思い，しっかり覚え込むことができるでしょう。

　テキスト・基本書にたくさん書き込みをすることが目標ではなく，それをしっかり頭に入れることが必要だということを忘れてはいけません。書き込みを修正テープで消してもよいですし，はじめから消せるペンで書き込むことも１つのアイデアです。

■小さな工夫が大きな差になる

　食べ物も記憶にいいものを摂取しましょう。ブドウ糖やDHAなどが有名です。また，摂取しすぎには注意が必要ですが，カフェインも勉強のよいサポーターになるでしょう。

　１つひとつは，小さいことかもしれません。しかし，その積み重ねが大きな差となって現れます。司法書士試験は難関試験であり，一生懸命勉強した者の中において，僅差で合否が決まります。少しでも工夫をして学習していかなければなりません。

　また，このような工夫をしていると，「ここまでやっているんだから負けるわけがない」という気持ちになってきます。合格できると思えれば，合格を確実にするためにさらに頑張ることができるようになります。

31 キーワードに着目する

Check!

司法書士試験では，たくさんの条文・判例知識を覚えなければなりません。それらは，電話番号を覚えるような単純なものではなく，「条文・判例の理論」を覚えなければならないのです。そのときには，キーワードに着目して覚えるようにしましょう。

■押さえるべきキーワードとは

　どんな条文・判例の理論も，２〜３個の「キーワード」で構成されています。**キーワードとは，それを入れ替えると結論が変わってしまうような重要な用語**です。たとえば，憲法における法人の人権享有主体性の判例では，「強制加入団体」「任意加入団体」，「政治資金」「復興支援」がキーワードになります。これらを入れ替えると結論が変わってしまいます。

　テキスト・基本書を読むときには，このようなキーワードに注意して読む必要があります。本試験問題で「誤りの選択肢」を作成するときは，正しい文章の中のキーワードを別の用語に入れ替えることで作成します。

　ですから，テキスト・基本書を読むときは，「この３ヵ月がたとえば１ヵ月に変えられていたら誤りだな」，「善意が善意無過失になっていたら誤りだな」などと，キーワードを中心に覚えましょう。

　押さえるべきキーワードは，以下のようなものです。

① その条文・判例の必須要件となっているもの
② その条文・判例に特有な用語（相当の蓋然性・背信的悪意者など）
③ 類似の知識と比較し異なるところ
④ 他の用語に入れ替えが容易なもの（善意←→善意無過失）

　キーワードに着目することで，覚えることがシンプルになり，問題を解くときにも，簡単に思い出せるようになるのです。

■結論を左右するキーワードは必ずある

　過去問を学習するときも，キーワードに着目して問題を解くようにしましょう。また，過去問の知識をテキストで復習するときも，キーワードに着目してテキストと比較するようにしましょう。

　最近は，**問題文が長文化する傾向**にあります。しかし，その中には必ず，その選択肢の結論を左右するキーワードがあります。よって，それに着目するのです。逆に言えば，それ以外の部分は飾りであり，本質には影響がないこともわかります。

　実際の問題で確認してみましょう。

> 地上権の設定の登記の申請は，一筆の土地の一部分についてもすることができる。
> （H22-午後16-エ　答×）

　この問題では，「地上権の設定」，「登記の申請」，「一筆の土地の一部」がキーワードです。このような登記の申請はできません。これらのどれか1つを「地役権の設定」，「契約」，「一筆の土地の全部」に入れ替えれば，結論が逆になります。

　この問題は，短い選択肢なので，ほとんどすべてがキーワードみたいなものですが，キーワードを意識していれば，次のような問題が出ても判断に迷うことはありません。

> 甲土地の一部を目的として地上権を設定する契約が締結されたが，甲土地の隣地との筆界を確認することができないために分筆の登記が未了であるときの，分筆未了を理由とした当該甲土地の一部について申請する地上権の設定の仮登記をすることができる。　（R5-午後12-ウ　答×）

　キーワードで知識を押さえておけば，この問題も，「地上権の設定」，「甲土地の一部」，「申請…仮登記」から，誤りと判断できるのです。問題が長文化していても，キーワードに着目すれば，前半部分は本質的な部分ではなく正誤に影響はないなと短時間で気づき，すぐに覚えている知識にたどり着けるというわけです。

32 論理を意識して覚えよう

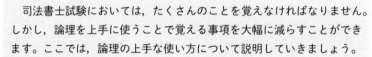

司法書士試験においては，たくさんのことを覚えなければなりません。しかし，論理を上手に使うことで覚える事項を大幅に減らすことができます。ここでは，論理の上手な使い方について説明していきましょう。

■「共通点」と「相違点」

まず，類似の論点があった場合には，その**「共通点」と「相違点」を意識する**ことが重要です。

注意が必要なのは，「共通点」をしっかり押さえることです。たしかに相違点が重要ですが，その前提として共通点があり，前提をしっかり押さえることがポイントなのです。その上で，「相違点」を押さえていきましょう。相違点を意識することで，それぞれの論点の違いが明確化され，内容を正確に覚えることができます。

たとえば，「持分会社の設立」は，基本的な論点である「株式会社の設立」と比較しながら学習することが重要です。そうすれば，「定款を作成することは共通している」と，共通点を意識でき，株式会社と持分会社の知識を関連付けて覚えられます。

「でも，株式会社の定款には公証人の認証を受けなければならないのに対し，持分会社の定款には公証人の認証を受ける必要がなく，違いがあるな」と，相違点を押さえていくのです。さらに，「株式会社の場合は利害関係を持つ人が多いから慎重な手続を要求しているんだな」と，その違いが生じる理由を押さえるとより記憶に残ります。

これらをバラバラに押さえてしまうと，本試験の問題を解く際に「あれ，公証人の認証が必要だったと思うけど，不要だった気もする…」というように，正確な知識を思い出せません。**共通点と相違点を関連付けて覚えることで思い出せるようになる**のです。

　具体的には，基本書・テキストで学習する際に，類似論点のページに戻って，比較をしながら学習を進めましょう。ある程度学習が進んだ段階で，各論点の横断整理をすることもオススメです。『司法書士試験　暗記のターゲット100』（森山和正，中央経済社）には横断整理もまとめているのでご活用ください。

■「抽象・具体」と「原則・例外」

　次に，**「抽象・具体」と「原則・例外」の意識**が重要です。具体的な知識を覚えていくときりがありません。いろいろな知識の共通点をまとめた抽象化された知識を覚えることで，覚えることをぐっと減らせます。

　たとえば，不動産登記のひな形を覚えるときに，印鑑証明書の提供がいるかいらないかを1つひとつ覚えていくのでは，ひな形の数だけ記憶することが増えてしまいます。これだけで100個以上の記憶が必要となってしまうのです。しかし，「所有権登記名義人が義務者となる申請をするときに印鑑証明書が必要となる」という抽象化されたたった1つのルールを押さえておけば，1つひとつのひな形における印鑑証明書の提供の要否を押さえる必要がなくなります。

　ただ，このように抽象化すると，例外が出てきます。例外のほうが圧倒的に少ないので，**原則を意識した上でその例外を個別に覚える**ようにすれば，1つひとつの知識を覚えるより圧倒的に記憶する量を減らせます。

　たとえば，先ほどの「所有権登記名義人が義務者となる申請をするときに印鑑証明書が必要となる」というルールの例外は，「抵当権の債務者変更登記においては，所有権登記名義人が義務者となるときであっても印鑑証明書の提供が不要となる」となります。100個以上の知識を1個の原則と1個の例外というたった2個の知識まで減らすことができるのです。

独立開業の魅力②〜依頼者が絶えずやりがいのある仕事〜
今でも広告やホームページは作っていないのですが，リピートのお客さんも多く，また，お客さんがお客さんをどんどん紹介してくれるありがたい環境で，やりがいを感じながら仕事ができています。

　　　　　　　　　　　　　　　　　　　　　　　　小野彩加さん

33 思い出すことを意識しよう

Check! テキスト・基本書・暗記ツールを読み込むとき，書いてある知識を思い出すようにしましょう。本試験会場では，何も参考にせずに知識を思い出さなければならないので，普段から思い出す練習をしておくことが重要です。練習でしていないことを本番でできるわけがありません。

■記憶につながる思い出し方

　脳は，生存に必要な知識だけを記憶するようにできています。思い出すことで生存に必要な知識だと脳を錯覚させることができ，記憶することができるようになります。

　また，思い出せなければ，「これを思い出すことができなかった」というインパクトのある情報になるので，記憶の定着に貢献します。

■ Step1 　初めの頃は「思い出す時間」を作る

　まず，初期の学習においては，項目ごとにテキスト・基本書・暗記ツールから目を離し，「何が書いてあったか」を思い出す時間を作りましょう。覚えたこと・覚えていないことが明確になり，意識して記憶をすることができます。

　また，「学習の後に思い出す時間がある」ということを意識して教材を読み込むことになるので，「記憶をしよう」と意識が働き，能動的に学習を進められます。いわば，小学校などで先生が「この後，小テストやるからね～」と言っている状態で，毎日の学習を進められるというわけです。

　重要項目が赤字になっている教材なら，赤シートを利用して同様の練習ができますし，100円ショップなどで売っている緑のペンと赤シートがセットになっているアイテムも役立つでしょう。

■ Step2　進んできたら「タイトルから思い出す」練習をする

　学習が進んできたら，「タイトルだけを見て，何が書いてあるか思い出す」という練習をするといいです。また，テキストの文章は「○○は，××である」という形式をとっていることが多いので，「○○は」の部分だけ見て後半を予想するように読むこともオススメです。

　さらに，「要件は以下の5つである」と記載があれば，その下の部分を見ないで，その5つの要件を思い出すようにするとよいでしょう。

　テキスト・基本書・暗記ツールをこのように使えば，**アウトプット教材としても活用することができます**。過去問では未出題の論点があるなど，不足があります。また，具体的な事例が出題されており，抽象的な知識のインプットには適しません。そこで，テキストなどを思い出すツールとして使えば，全論点について使える形の知識のアウトプットができることになります。過去問を使うより，全範囲のアウトプットを短時間で行えるようになります。

■ひっかけにも強くなる！

　普段からこのような練習をすることで，ひっかけ問題に引っかからなくなるというメリットもあります。本試験では，誤った選択肢を正しいと巧みに思わせてくるので，「そうだったかもしれない…」と惑わされる受験生も多いです。

　しかし，普段から思い出す練習をしておけば，「○○は，」の部分だけを見て，後半に登場するべき知識を先に思い出せるのです。そうすれば，出題者の誘導にも引っかからず，明確に判断できるようになります。

> **思い出すことをルーティンへ**
> 思い出す作業は頭の中だけでできるので，子どもの寝かしつけの時間にぴったりでした。子どもが寝るまで思い出して，寝かしつけたら答え合わせ。そのルーティンを毎日繰り返していくと思い出す習慣もつきました。初めの頃はなかなか思い出せず苦しかったのですが，繰り返すうちに苦ではなくなりました。

⭐ **A・Aさん**

34 セルフレクチャー

記憶を定着させるためには「セルフレクチャー」が有効です。セルフレクチャーとは，自分が講師になったつもりで，自分に説明をすることです。家族などが協力してくれるならば，覚えたことを家族などに説明することもいいでしょう。

■声に出して自分に説明する

　セルフレクチャーのよいところは，**理解できている部分・できていない部分，覚えている部分・覚えていない部分が明確になる**ということです。覚えていない知識は口から出てくるわけがなく，理解していない知識はうまく説明できません。特に，法律をまったく勉強したことがない相手に，その人が理解できるように説明できたとすれば，自分自身が覚えるべき内容をしっかり理解している証拠です。

　また，「声を出す」ことによって記憶をしやすくなります（⇒P65）。自分に講義をするという体験によって，エピソード記憶として定着しやすくなるというメリットもあります。

　受験生から「本試験会場で問題を解いているとき，必要な知識が声という形で頭の中に思い出せた」という話もよく聞きます。声による記憶は思い出せる記憶として定着するということがよくわかるエピソードです。

　それはセルフレクチャーで自分に説明した声のこともありますし，講師の声のことも多いです（相性のよい講師を選ぶ必要があると伝えたのは，こういった効果もあるからです）。

　このように，セルフレクチャーは記憶の定着にいいことづくめなので，セルフレクチャーの効果を高めるために，しっかり声を出して行うようにしましょう。

■セルフレクチャーは「復習」から実践してみる

　まずは，最初の基本書の学習あるいははじめてのインプット講義を受講する際の復習として行うといいでしょう。予備校の講義を受講している場合は，自分が受講している講座の講師になったつもりで自分に説明をしましょう。講義のよい復習になります。

　この際のセルフレクチャーはしっかり理解ができているかどうかを判断することが主目的です。ですから，テキスト・基本書をときどきカンニングしながらで構いません。しっかり理解できていない部分は，説明しようにもうまく説明ができません。理解できていない部分が見つかったら，テキスト・基本書に戻ってしっかり確認するようにしましょう。

■慣れてきたら「何も見ない」でセルフレクチャー

　学習が進んできたら，何も見ないでセルフレクチャーをしましょう。覚えているかどうかを明確にし，思い出す練習をするためです。覚えていない部分があれば，テキスト・基本書に戻ってしっかり確認するようにしましょう。

　セルフレクチャーに慣れてくると，歩きながらでも，満員電車でテキストを広げられないときでも「今日はあの分野についてセルフレクチャーをしよう」と考えて実行することができるようになります。

　いつでも頭のなかだけで勉強することができ，時間の有効活用にもつながります。いつでもスキマ時間で思い出す練習をすることで，記憶の定着に貢献することになります。

> **理由を意識してセルフレクチャー**
> 森山先生の講義を思い出して，説明方法をマネすることから実践しました。勉強が進んだら，過去問なども，自分なりの言葉で説明する練習をしました。説明には「理由」が大切と考え，できるだけ「理由」を意識するよう努めました。時間活用の面でも，記憶法としても効果的でした。

N・Hさん

森山の受験体験記 episode 3

本試験まで7ヵ月，通信講座を受講し始める

　「何もわかっていないのに過去問をやっても意味がない」と悟り，まずはインプットから始めなければならないと気づきました。そこで，書店に行きましたが，当時は，今と異なり，独学できる教材はありませんでした。当時，独学で合格できる人がいなかったのは，その環境がなかったからなのです。

　そこで，T君の通っていた予備校に行くことにしました。ただ，その時点で7ヵ月後に迫った司法書士試験を目指すクラスはなく，すでに開講しているクラスを通信で受講することしました。自宅にはすでに終了した講義が収録された大量のカセットテープが大きな段ボール箱で届きました。

　大学に行かない日は，毎日3時間の講義を午前中に聴いて午後に復習をし過去問を解いていました。1ヵ月を無駄にした民法から学習を始めるのは停滞しているようで癪だったので，不動産登記法の講義から開始しました。1月の大学の期末試験のときは中断しましたが，2月以降，大学が長期休暇になったときは，毎日1講義のペースで順調に進めることができました。

　1日中，東京・高田馬場にある予備校の自習室にこもって勉強していると，16時頃には限界が来たような感じになります。そこで，40分くらいの休憩をとり，コンビニでピーチティーを買い，近くを散歩して気分転換しました。

　神田川のユキノシタの小さな花を眺めたり，西武新宿線の黄色い車両を眺めたりしながら歩いていました。そうすると，頭の疲れがとれて，「もう少し頑張れる」という気持ちになれました。学習期間が短いので，限界が来ても勉強しなければという気持ちでやっていたのです。

　1日の終わりに家系ラーメンの「ラーメン千代作」で夕食を食べることが楽しみでした。店長の千代さんは「頑張ったね」といつも励ましてくれました。これが縁となって，千代さんとは今でも交流があります。

第4章

合格する時間術

35 スキマ時間を活用する

Check!

　仕事・育児・家事・介護など社会人は忙しい毎日を送っているでしょう。また，学生も学校の勉強・サークル・アルバイトなどでやはり忙しいです。受験生から「勉強時間がない」という相談を受けることが多々あります。しかし，勉強時間は初めから存在するわけではなく，自分で探して作るものです。

■スキマ時間をどのように活用するかがカギ

　24時間のグラフを作って，普段の生活サイクルを5分刻みでチェックしてみましょう。体の断面のCTスキャンをとるように，時間を小刻みにチェックするのです。

　そうして，どうしても外せない時間を除いてください。睡眠や仕事の時間です。そして，それ以外で無駄な時間を探してみてください。すると，「なんとなく過ごしている時間」が見つかるはずです。

　社会人なら，睡眠と仕事の時間を足して16時間くらいだとすれば，残りが8時間あります。その中で無駄な時間を探しましょう。たとえば，起きてなんとなくテレビを見ている時間，トイレ，お風呂，昼ご飯，通勤などの時間が見つかるはずです。いわゆるスキマ時間です。

　忙しい受験生が合格を目指すには，スキマ時間の活用が必須です。「そんな，トイレの時間まで学習に充てる人なんているのか!?」とびっくりするかもしれませんが，合格者の多くも必死の思いで学習しています。

■受験生の常識は，合格者の非常識!?

　もちろん，受験生の多くはそのようなことはしていないかもしれません。しかし，受験生の多くはしていなくても，合格者の多くはしているのです。「受

験生の常識は，合格者の非常識」といわれるとおりです。

　実際に，総合4位で一発合格した小野彩加さんは，『司法書士試験　すぐに結果が出る勉強メソッド55』の中で，トイレでもお風呂でも『ケータイ司法書士』で学習していたと述べています。

　仕事の日の昼食も，外食すると1時間の休憩時間がなくなってしまいがちですが，合格者の多くは，朝の通勤途中で購入したおにぎりを食べながら学習時間の確保をしています。食事のお行儀は悪いかもしれませんが，合格するためには犠牲にしなければならないこともあるのです。

　通勤電車の中でも暗記ツールで記憶をすることはできますし，目的の駅に着くまでという時間の制約もあるので，「着くまでにここまでは覚えなければならない」と集中して学習することができるでしょう。通勤途中の歩いている間にセルフレクチャーを行い思い出す練習をすることなども可能です。

■スキマ時間には暗記がオススメ

　スキマ時間にどんな学習でもできるわけではありません。はじめての講義を聴くことや，基本書で新しい分野を学ぶなど，理解しなければならないことが多い学習は，どうしても集中できる環境でのまとまった時間の学習が必要です。

　スキマ時間では，一度学習したことを暗記するなどの記憶を中心とした学習がいいでしょう。その時間の性質に応じた学習をする必要があるのです。

　忙しい中でも，スキマ時間を利用して合格を勝ち取っている人が多くいます。ぜひ，スキマ時間を見つけて有効活用してください。

> **スキマ時間の学習がモチベーション維持にも**
> 平日は仕事をしているため，いかにスキマ時間に勉強するか工夫しました。通勤時間や昼休憩を使って，講義を倍速で再視聴したり，ケータイ司法書士で学習したり，覚えたい「図表」をスマホに保存して復習したりしました。スキマ時間も貴重な勉強時間と考え，スキマ時間の勉強記録もこまめに残すことで，モチベーション維持にもつながったと思っています。

N・Hさん

36　時間当たりの勉強効率を意識する

Check!

　忙しい受験生が合格を勝ち取るためには，スキマ時間の活用が必要です。さらに，もう１つ重要なことがあります。同じ学習時間であれば，「密度の高い学習」をしたほうが合格に近づくということです。つまり，学習時間を確保することと勉強効率を上げることの両方が必要なのです。

■点数が上がる学習とは

　勉強効率を上げるために意識してほしいことは，以下の２点です。

> ☑この１時間で得点が上がったか。
> ☑この１時間で解けるようになった問題はあるか。

　たとえ勉強時間を確保しても，その時間で点数が上がらなければ意味がないからです。
　では，「点数が上がるような学習」とは具体的にどのようなことでしょうか。それは，以下の２点を満たす学習です。

> ①　試験に出題されるものの学習
> ②　自分ができないことをできるようにするための学習

■試験に出題されるものの学習とは

　まず，いくら勉強時間をとっても，それが試験に出題されないものであれば，試験対策とはいえません。だから，ゴールを確認してから学習を始める必要があり（⇒P4），過去問を研究する必要があるのです（⇒P36）。また，いくらわかりやすい法律の本だったとしても，司法書士試験と傾向が違っては無駄なものとなってしまうので，司法書士試験対策の教材を使用する必要があります。

　注意してほしいのは，基本書・テキストに掲載されている事例を自分で勝手に変形して「この場合はどのようになるだろうか」と考えてしまうことです。このような受験生は少なからずいます。たしかに知的好奇心を満たす勉強で楽しくできるのですが，**基本書・テキストに載っていないものは出題される可能性は低い**です。また，その事例についての条文・判例がなければ試験問題を作れませんから，出題可能性はゼロとなります。基本書・テキストに掲載されている知識をそのまま覚えることが重要です。

■自分ができないことをできるようにするための学習

　すでにもう覚えている事項やできるようになった問題について，それ以上に学習しても点数は上がりません。そのような知識についても，ある程度のメンテナンスをすることはたしかに必要です。しかし，**優先すべきはまだ覚えていない知識を覚えること，解けない問題を解けるようにすること**です。

　当たり前のような話ですが，現実には，もうすでにできるようになった事項ばかり学習する受験生は多くいます。なぜなら，まだ覚えていない事項を覚えたり，解けない問題を解いたりするのは大変で，自分のできないことに目を向けなければならず，意識しないとどうしても楽なほうに流されてしまうからです。

　過去問もメリハリをつけて解く必要があると述べたのも同じ理由です。また，基本書・テキストの読み込みをするときも，覚えていない分野，苦手な分野に時間をかけるようにしましょう。

　勉強はけして楽ではありません。自分のできないことを中心に学習を進めるのは大変なことです。**効率的に学習する方法はありますが，楽に合格する方法はありません。**もちろん，ゲーム要素を取り入れて楽しみながら学習する必要はありますが，やはり勉強は大変です。勉強が大変だということは，成長できているということです。濃度の高い学習で時間を有効活用していきましょう。

37　ノートづくりはするな

Check!

> 学習効率を上げるために，「勉強」と「作業」をしっかり区別しましょう。作業をしていると頑張ったという満足感を得ることができますが，単なる作業の時間をとるだけでは，得点できるようにはなりません。作業の時間を少しでも減らす努力をしてください。

■まとめノートを作る時間がもったいない

　最も注意が必要なのが，ノートづくりです。学習を始めたばかりの受験生の中には，学習内容をゼロから自分でノートにまとめ出す人が少なからずいます。

　小学校の頃から「ノートにきれいにまとめましょう」と指導されて，きれいなノートを書くと花丸がもらえるという教育を受けてきた人が多いので，どうしても「勉強＝ノートにまとめる」という発想になりがちです。

　たしかに，作業量も多く，目に見える形で残るので勉強した気になるでしょう。しかし，本試験で問題が解けるように頭の中に記憶していくことが勉強であり，**ノートづくりは単なる作業**にすぎません。しかも，とても時間のかかる作業です。

　私も『ケータイ司法書士』（三省堂）などのような学習内容をまとめた教材を作っていますが，プロが作っても膨大な時間がかかります。受験生にその暇はありません。**ノートを作っている時間があれば，少しでも覚える時間に回したほうが効率的**です。

　特に，学習初期の段階でノートを作ると，テキストをただ写しているだけのものとなっていることが多いです。それならば，テキストをそのまま使えばよいだけのことです。その上，内容をあまり理解していないうちにまとめるので，内容が間違っていることも多く，危険です。

　自分の直筆の字でなければ勉強できないという人もいますが，そんなことはありません。ノートづくりをする代わりに，**テキストや基本書に考えたこと・**

気づいたことをメモして，自分専用のテキスト・基本書にして使用しましょう。また，まとめ教材が欲しいなら，自分で作るのではなく，プロがまとめた暗記ツールを使って学習を進めましょう。

■学習の効率化と弱点ノート

　ノートづくりは面倒です。司法書士試験の学習に限ったことではありませんが，「**面倒で無駄だな」と思うことを「どのように工夫して回避するか」が効率化のためには必要**です。私も，高校生のとき，「書き込みができるように国語の教科書を写してこい」と学校の先生に言われましたが，時間がかかる割には得るものが少ない単なる作業なので，教科書を拡大コピーして貼り付けて，その時間を他の学習に回していました。面倒くさがりという性格は，効率的な学習には必要不可欠なのです。

　ただ，直前期など学習の後期には，ノートづくりも有効なことがあります。「**覚えられない論点」，「記述式問題で引っかかった論点」を書き出し，弱点ノートを作るのは有効**です。

　ノートに書き出しておけば，弱点を何度も繰り返して学習ができます。直前期は苦手を短期間で得意にしなければならない時期なので，スキマ時間などを利用して弱点ノートを見る時間を作れば，他の分野より何回も多く苦手な論点に触れることができるのです。

私の情報集約法

ノートづくりはしませんでしたが，テキストやケータイ司法書士を色分けしていました。たとえば，会社法では，公開会社をピンク，非公開会社を水色でマーキングして，映像として思い出しやすくしていました。

また，記述式問題の対策としては，間違いノートの代わりとして，答練などの記述式の解答用紙を郵送提出する前にコピーして，赤ペンで間違えたところを記入し，「記述間違えファイル」を作っていました。これは模試の前や本試験前日に最後に脳に焼き付けるのに役立ちました。

🌷 S・Nさん

38 スピード学習

Check!

　学習を効率的に進めるためには，「何時までにこの単元まで読み進めよう」など，その時間でやるべき学習の目標を明確にして勉強しましょう。「何時まで勉強しよう」ではなく，「何時までにここまでやろう」というように，こなすべき学習進度を意識することが重要です。

■学習進度を意識する

　時間を目標にするだけでは，ダラダラとした勉強となりがちです。これに対して，学習進度を意識することで，「目標を達成しよう」と意識することができ，集中して学習を進めることができます。

　テキパキと勉強を進めることができ，繰り返す回数を増やしていくことができるのです。特に**学習後期の段階では，1回時間をかけて学習するより，回数を増やすことを意識しなければなりません**。

　スキマ時間を有効活用する際にも，学習進度を意識することが必要です。たとえば，30分の通勤電車の中で，「着くまでにこのページを覚えよう」と意識するだけで，その時間の集中力が変わってきます。特に電車では，目的の駅に着いたら学習を中断させなければなりませんから，その締め切りを意識してより集中することができるでしょう。

　テキスト・基本書を読むときも，目標を決めて読み進めましょう。特に学習後期には，集中力をもって進めるために，少し厳しいかなと思う目標を設定するとよいでしょう。そうすれば，テキスト・基本書を短時間で読むことができ，繰り返す回数を増やすことができます。

■メリハリをつけて必要な情報を読む

　テキスト・基本書を短時間で読むにはコツもいります。それは，**メリハリを**

つけて**読む**ということです。何回も繰り返してテキスト・基本書を学習するわけですから，最初と同じように読む必要はありません。ポイントや覚えるところを中心に読み，すでに理解した具体例は読み飛ばすようなことが必要です。

　テキスト・基本書に書き込みをしたり，重要部分にマークしたりすると効率よく学習することができます。そのマークや書き込みを利用して，**自分にとって必要な情報を取捨選択して読むこともできる**でしょう。特に予備校のテキストでは，記載していない内容からの出題を恐れ，辞書的な資料が配布されることがありますが，そのような場合はこのことをより意識する必要があります。

■普段から時間の制約を意識する

　過去問も時間を測って解くとよいでしょう。特に学習後期においては，午後の部の問題は「1問2分」など，本試験を意識した時間を設定することによって，集中的な学習ができることに加えて，本試験の限られた時間の中で力を発揮できる練習ともなります。

　時間配分の練習としては，直前期に答練や模試で予行演習をします。しかし，司法書士試験の時間設定は本当に厳しいですから，**普段から時間を意識した学習をすることによって，より確実に本試験の時間の制約を乗り越えることができるようになる**でしょう。

　学習のなかであまり考えこみすぎないということも重要です。司法書士試験においては，記憶していれば解ける問題も多くあります。覚えていればいいのです。意味がわからないことや難解な論点にこだわりすぎて学習の進度が遅れてしまうのは本末転倒です。考え込んでいる時間があれば，どんどん学習を進めていくべきなのです。

独立開業の魅力③〜経済的安定で生活にゆとり〜
働いた分だけ収入に反映されるので意欲をもって仕事ができます。また，経済的にも安定し，生活にゆとりができました。読者の方の司法書士試験の合格を心から応援しています。

🐰 小野彩加さん

39 スマホも有効に利用する

  学習を効率的に進めるためには，スマホなどの最新機器も有効に利用しましょう。

■満員電車は避ける

　通勤で満員電車に乗らなければならないことがあるかもしれません。小さな本もどうしても開けないような場合には，スマホが役に立ちます。

　ただ，私は，避けられるならば，勉強ができないほどの満員電車にはなるべく乗らないようにすべきだと思います。満員電車でなければ，電車の中でも記憶の定着などの学習はでき，時間の有効活用をすることができるからです。また，満員電車で疲弊し，その後の勉強に影響が出てしまうからです。

　たとえば，早起きをして，ラッシュ時間前の電車に乗るといった対策はできるでしょう。そうすれば，電車の中でもある程度余裕をもって勉強でき，会社の近くの喫茶店などでさらに勉強時間を確保できます。

　仕事で疲れる前にある程度まとまった勉強ができれば，心に余裕も生まれます。また，ラッシュ時間帯は快速・急行などの電車に乗客が集中する傾向があるので，各駅停車などの比較的空いている電車を利用する作戦もあるでしょう。

■スマホを利用する

　話がそれましたが，電車の中でテキストも広げることができないなら，スマホを利用するしかありません。予備校を利用している場合は，講義の音声ダウンロードサービスなどがあるでしょうから，スマホでその講義音声を聴くということが考えられます。講義をはじめて聴くときは，落ち着いた環境で聴くべきですが，一度聴いた講義であれば，音声で聴くだけでよい復習となるでしょ

う。

　ただ，予備校の講義を聴き直すというのは，あくまでも次善の策です。毎日乗る通勤電車であれば，なるべくならもっと有効活用したいところです。その場合には，**自分の苦手な分野や論点などを吹き込んだものを聴く**ということもできます。

　もちろん，吹き込む時間がもったいないので，このために録音するのではなく，**復習のセルフレクチャーをするときなどに録音をしておくようにするの**です。自分の声を聴くことで，セルフレクチャーを再現でき，記憶の定着を図ることができます。

　ひな形を学習する際に音読しておいて，電車の中で聴くということもできます。学習がある程度進み，ひな形が頭に入っていれば，思い出す練習をするだけで勉強になります。ただ，そうでない方は，ひな形の音声を聴くことで満員電車の中でも学習できるでしょう。この場合，音声に合わせて，心の中で一緒につぶやくと効果的です。

■記憶するときは紙の教材を

　最近は，司法書士試験用のアプリも発売されているので，そのようなものも利用するといいでしょう。苦手な問題だけをピックアップして出題してくれたり，ランダムに出題してくれたりする機能があるので，ただ問題を解くよりは，有効に問題演習をすることができるでしょう。

　ただし，注意してほしいことがあります。それは，**記憶する媒体は，テキスト・基本書・暗記ツールという紙媒体の教材にする**ということです。以前述べたように紙媒体だと「コーヒーのシミがあるページの知識だな」というように経験的な記憶を作ることができるからです。スマホの画面は，いつも同じ形態であるため，このような記憶に適しないのです。

　スマホを活用することで，学習を効率的に進めることもできますが，その使い方を間違ってはいけません。

40 とりあえず始める

「勉強を始めなければならないのに，なかなか始める気になれない」という受験生も多くいるでしょう。勉強をするのは大変だとわかっていますから，腰が重くなるのもよくわかります。しかし，その勉強を始めるまでの時間がもったいないのです。ここでは，その対策を考えていきましょう。

■始めなければヤル気は起きない

まず，勉強のヤル気がないときに，「ヤル気が出てからやろう」，「とりあえず，掃除から始めよう」などと考えてはいけません。どんどん勉強から遠のいてしまいます。

「勉強の前にとりあえず，YouTubeで好きな動画でも見ようかな」と考え，動画を見てしまうのも注意が必要ですね。関連動画が次々に表示されて，気づいたら1時間以上経っていたなんていうこともあるでしょう。

では，どうすればいいのでしょう。それには，**勉強を始めてしまうことが重要**です。人間は，新しいことを始める時が一番労力を使います。特に勉強のように大変だとわかっているものの場合，なおさらその傾向が強くなります。始めてしまえば，ヤル気が出てどんどん進めることも多いです。

部屋の片づけをいやいや始めたら，気分が乗ってきて何時間もやっていたということはありませんか。脳科学的にも，刺激がなければヤル気の出るもとである側坐核は活動しないそうです。これは「作業興奮」と呼ばれるそうで，**勉強を始めなければ，いつまで待ってもヤル気など出ないのは当然**なのです。勉強のヤル気を出すなら，始めるしかありません。

■始めるためにハードルを下げる

　しかし，これでは何の解決にもなりません。

　そこで，ヤル気のないときに勉強を始めるには，**とにかくハードルを下げてしまうことが一番**です。たとえば，以下のような考え方です。

> ・「とりあえず，机の前に座ろう」
> ・「とりあえず5行でも読んでみよう」
> ・「とりあえず，選択肢の1つだけでも読んでみよう」（解いてみようではありません）

　このように考えて，簡単なことを実行してしまえば，これで半分クリアしたようなものです。始める時が一番大変ですから，その後はスムーズに進めることができるでしょう。たとえば，「5行読んでみよう」と考えていたら，気づいたら10ページ進んでいたなんてこともあります。学習のヤル気がおきないときは，ぜひ試してみてください。

　「新しい学習を始める前に前回の復習をするとよい」とも述べました。これは，**復習から始めることで学習を始める際のハードルを下げる**意味もあるのです。

■勉強を習慣にしてしまう

　普段から，**勉強を始める際の儀式を作っておくこと**もオススメです。私も，机の前に座ったらまず，ミント系のフェイシャルペーパーで顔を拭き，「よしやるぞ」と声を出します。正直にいえば，疲れてヤル気が出ないときもありますが，そのようなときでも，机の前に座り，この儀式さえ行えば，自然とヤル気が出てきます。ぜひ，お試しください。

　このようにして，勉強を習慣にしてしまいましょう。一度習慣となれば，歯磨きと同じく，勉強が当たり前になります。そうすれば，ヤル気に左右されず，勉強を継続することができるようになります。そして，その勉強を継続して淡々と続けていった先に合格があるのです。

41 勉強しやすい環境づくり

　時間を無駄にせず勉強するためには，勉強しやすい環境を作ることも重要です。自分の精神力だけで勉強に立ち向かっていくのは，どうしても難しいです。口実をつけてサボりたくなりますが，サボれないような環境を作ってしまえばよいのです。

■物理的な工夫をする

　ついテレビを見てしまって時間を浪費するという人は，テレビを押し入れに片付けてしまうなど，物理的な工夫をしましょう。簡単には見られないようにすれば，面倒だから見なくてもいいかと思うようになり，一度見ない習慣がつけば，見たいとも思わなくなるでしょう。以前，「テレビを捨てた」という受講生がいましたが，見事に一発合格を成し遂げました。

　また，ついスマホを見てしまうという人もいるでしょう。勉強しながらも，LINEの通知がくれば気にして見てしまい，集中力を欠いてしまうということもよくあります。スマホが近くにあると，気になってしまうので，音が鳴らないようにして遠くに置いておくといいでしょう。スマホをしまっておきセットした時間が来るまで開けられないグッズもあるので，そのようなものを利用することも一案です。

　このようなことは自分の精神力だけでどうにかなるものではないので，勉強に集中できるように，物理的な工夫をしてしまいましょう。

■机の上を勉強したままにする

　勉強したあとに机の上を片付けないでそのままにしておくこともオススメです。次に勉強を始めるときに，机の上にテキストが広げてあると，勉強を始めることのハードルが下がります。そのような少しの工夫の積み重ねが大きな差

となります。

　電車の中ですぐに勉強を始められるようにするためには，スマホをカバンにしまい，電車に乗る前から本を手に持っておくとよいです。私もついスマホを開いて時間を無駄にしかねないので，今でもこの工夫をしています。

　ちょっとの外出でも，どんなスキマ時間が生じるかわかりません。いつでも勉強道具を持ち歩く習慣をつけましょう。

■集中できる場所を考える

　自分が集中できる勉強場所を考えることも重要です。自宅での学習では，資料などが手元にあり，好きなように学習できます。一方で，自宅だとだらけてしまう人は，自習室・図書館などもオススメです。特に有料自習室を契約すれば，勉強に最適な環境が整いますし，お金をかけた分，元を取らなければと集中力が増すことになります。

　以前，「仕事から帰宅するとどうしても勉強する気がなくなってしまう」という受験生がいました。そこで，家に帰る前に喫茶店などで学習してから帰るようにとアドバイスしたところ，毎日帰宅前の学習を続け，合格することができました。

　これ以外にも，集中力を落とす原因になるものは極力減らす工夫をしましょう。そのような原因を排除していけば，結果的に集中力が維持されます。飲酒・睡眠不足・家庭の不和・過度の禁欲によるストレスなど，集中力を落としている原因を見つけ，排除するようにしてください。

徹底的に環境整備

自分の意志は弱いとの自負があったので，環境を整えることを心がけました。テレビは部屋から無くし，スマホも使用制限をかけました。また，勤務後は疲れて勉強できないため，潔く寝てしまい，早朝に勉強する習慣にしました。直前期に休職した時には，勉強以外に時間・思考力を使いたくなかったので，髪型を坊主にしたり，一人で食べる昼食は同じメニューにしたりしました。

N・Hさん

42　勉強時間を作り出す力技

Check*!*　ここでは，勉強時間を捻出する力技をいくつか紹介しましょう。

■お金で時間を買うという方法

　お金をかけることで時間を作り出すことができます。たとえば，通勤電車。最近の通勤電車には，グリーン車が接続されているものもあります。グリーン料金を払えば，快適な車内で座って学習することができます。

　また，食洗機などの家電を使えば，家事の時間を短縮できます。自炊をする代わりに，お弁当を買ったり，外食をしたりすれば，自炊の時間を勉強に充てられます。最近では，少しお金をかければ健康志向のお弁当も購入できます。

　専門家に手続を代行してもらうこともできます。私も税金の申告などは税理士にすべて頼んでいます。たしかに，年間の顧問費用は安くはありません。ただ，それまでは，自分で何時間もかかって申告をしていたので，その時間を勉強や仕事に回せるようになり，時間の節約になっています。

■自己投資を惜しまない

　いろいろな事情があるとは思いますが，本気で合格を目指しているのであれば，自己投資を惜しまずすることも重要です。目標は最適な時期での合格です。早く合格して実務に就くことができれば，かけた費用は返ってきます。受験生の間は，出費の出し惜しみをするより，将来の自分への投資と考えるといいでしょう。

　予備校の費用や書籍の費用についても同じことがいえます。お金を出し惜しみして，自分に合わない低価格の予備校を選んでも，合格することができなけ

れば，結局かけたお金は無駄になってしまいます。最適な予備校を選んだ上で，その分，「元を取る」という発想をすることが重要です。書籍についても出費を惜しまず，必要なものは揃える必要があるし，改正に対応した新しいものが出れば購入するなど，武器はしっかり揃えましょう。

　受講生のなかに，同じ本を2冊ずつ購入している人もいました。1冊は重要部分を黒塗りにして，もう1冊をそのまま使用していました。たしかに，2冊分の費用はかかりますが，簡単にアウトプットができ，それ以上の効果があったはずです。

■勉強以外のことはほどほどにする

　たしかに，仕事などしっかり行わなければならないこともあります。しかし，やらなくてもよいことも多いです。

　たとえば，人付き合い。会社の飲み会・友達付き合いなども最低限のものにしましょう。飲み会など必須ではありませんし，大事な友達関係であれば，受験勉強の期間くらい会わなくてもしっかり続くはずです。私も，司法書士の受験勉強中は大学生でしたが，その間は友人からの誘いはすべて断っていました。

　仕事にしても，「仕事を終わらせて早く帰って勉強しよう」というように，集中して終わらせるなどの工夫も必要です。

スキマ時間を利用して子育てと両立

私の場合，受験生や思春期の子どもがいたため，子どもとの時間を確保する必要がありました。直前期に子どもの怪我で，介助に思わぬ時間をとられるアクシデントにも見舞われましたが，揺るぎなく合格できるような成績を取りたいと思い，できる時は本当に集中して勉強しました。通勤電車の中や朝の出勤前のチャンスタイムを生かそうと，電車で確実に座れるように始発を狙ったり，早起きをして会社近くのカフェで勉強したりするなど，小さな工夫が集中力を高める助けとなりました。

🍎 浦本みずきさん

43 受験生が会社を辞めるタイミング

「勉強時間を確保するために，仕事を辞めて勉強に専念したい」という相談を受けることもあります。その点について考えていきましょう。

■辞めなくても工夫次第である程度学習時間が確保できる

社会人にとって，1日の中で多くの時間を占めるものが仕事なので，「その仕事さえなかったら勉強時間が確保できるのに」と思うのも十分納得できることです。専業受験生のほうが，時間の融通が利くのは事実です。しかし，**仕事を辞めても受験勉強にプラスになるとは限らない**という点に注意が必要です。

まず，仕事を辞めなくても工夫によってある程度学習時間が確保できるということです。これまで，スキマ時間の実践的な活用法についても紹介しましたが，まずは，そのような方法により**「時間を確保する工夫」を行うほうが先**です。このような工夫で時間を確保し，効率的な学習を進めていけば，合格はできます。現に，社会人で仕事をしながら一発合格をする方も多く出ています。

また，**受験にはお金がかかりますし，合格するためには必要経費をかけることが必要**です。仕事を辞めて資金が底をついてしまうと，勉強を継続できなくなってしまうばかりか，生活資金もなくなる可能性があります。

さらに，仕事を辞めたことで，精神的に追い込まれてしまうことも多いです。このようなことから，仕事を辞めることは慎重に考えるべきでしょう。

■辞めるか迷った時に考えるポイント

具体的には，次のような視点から考えるといいでしょう。

Point① ライフワークとしたい仕事か

ライフワークとしたい仕事であれば，辞めるべきではないでしょう。司法書

士試験に合格してもすぐに開業する必要はありませんから，そのまま好きな仕事をしつつ，いつでも司法書士になれるという選択肢を確保しておくことができます。

　また，そのような好きな仕事であれば，辞めることで精神的ダメージも大きいでしょう。合格者の中で，航空会社勤務という好きな仕事をしながら，副業で司法書士をしている方もいます。

Point② 　仕事時間が長いか

　いくら工夫で時間を作るといっても，残業が多く毎日夜の11時帰りだという場合には，勉強時間の確保は厳しいでしょう。仕事を辞めるまでいかなくても，仕事を変えるなどの検討も必要となります。

Point③ 　貯金はあるか

　ある程度の資金がないと，安心して勉強に専念できません。本試験までの学習資金・生活資金があることを確認してから辞めなければなりません。

Point④ 　合格が見えてきたか

　合格可能性が判断できないうちに仕事を辞めると，やはり不安が付きまとってしまいます。「今年，合格できそうだ」と感じたら，仕事を辞めて受験に専念することも選択肢に入るでしょう。

　時期的に言えば，本試験を受験する前の４月頃でしょう。これから直前期に入ろうかという時期です。直前期に勉強時間の確保ができれば，合格に直結します。最後のコーナーで集中的に学習して一気に成績を上げていくというのも有効な作戦となります。

具体的な計画を立て専業のプレッシャーを克服

私は試験勉強中，正社員・アルバイト・専業受験生と，どれも経験しました。正社員の時は残業が多く，毎日安定した勉強時間を確保したいと思い勤務形態を変更。そして本試験半年前，合格に必要な勉強時間を逆算した時，勉強に全集中するしかないと思い専業受験生になり，最後の追い込みをかけました。働いていないというプレッシャーは想像以上に大きかったので，ペースを保つため具体的な勉強計画を立てることが有効でした。

🍒 戸谷佳奈枝さん

森山の受験体験記 episode 4
公開模試の結果は E 判定

　2月の終わり頃に司法書士試験の公開模試があったので，受験することにしました。予備校の講義を聴いて過去問を解いてきたのだから，学習が終わった科目については，高得点が取れるだろうと高を括っていました。

　ところが，実際に受験してみると，午前の部が35問中10問，午後の部は35問中11問しか正解できないという惨憺たる結果が待っていました。合格者がとるような点数ではなく，たしか結果も E 判定だった覚えがあります。勉強したことが記憶として定着していないためでした。

　当時，家庭教師のアルバイトをしていたのですが，教えている生徒はテスト前でも必要なことをなかなか覚えることができませんでした。そこで，教科書を覚えたら閉じて，口頭でクイズを出し覚えたことを思い出してもらう練習をしていました。すると，どんどん覚えることができました。

　「司法書上試験は覚えることが多いけど，全然覚えていない。自分もこの生徒と同じではないか。そうであれば，同じことをすればいいのだ」と考え，直前期は，テキストを閉じて思い出す練習をするようにしました。テキストに書いてあるタイトルだけを見て，内容を思い出すようにし，テキストを問題集のように使っていました。

　1つ問題がありました。民法の講義を聴いていないのです。今さら民法の講義を聴いている時間はないと思い，どうしようかと思っていたら，ちょうど竹下貴浩先生の『司法書士　直前チェック　民法』（早稲田経営出版）という 3 冊組が発売されました。今までにない形の市販の教材です。

　「もうこれにかけるしかない」と購入し，やりこみました。この書籍が発売されていなかったら，どうなっていたかわかりません。ちょうどこの時期に発売されたこととその教材に巡り合えたことに，今でも感謝しています。

第 5 章

合格する解答術

44 実力を出し切れるようにする

司法書士試験は，一発勝負の試験です。いくら一生懸命に勉強して合格に必要となる知識を身につけても，試験当日にその実力を発揮できなければ意味がありません。

■ケアレスミスは絶対にしてはいけない

実力を出し切るために絶対にしてはいけないものがあります。

それは，**ケアレスミス**です。

誰もが解けない難問において失点しても痛手にはなりません。司法書士試験は，相対的な勝負であり，誰も解けない問題を正解する必要性はないのです。

これに対して，**誰もが正解できるような問題において失点することで，合格への距離が一気に遠くなってしまいます**。それが，わかっているのに間違えたというケアレスミスであれば，なおさらです。

司法書士試験は，ボーダーラインに多くの人がひしめいているような，1点を争う試験です。そのような試験において合格を勝ち取るためには，**ケアレスミスは絶対にやってはいけないミス**なのです。

たとえば，「次の記述のうち，誤っているものの組合せを選べ」という問題なのに，正しいものの組合せを選んでしまうなどというミスがあります。また，文末が「～することができない。」なのに，「～できる。」と読み間違えてしまうことがあります。

■ケアレスミスの原因をきちんと分析する

答練や模試などでこのようなケアレスミスをしてしまったとしましょう。それ自体は問題がありません。本番でなく，答練や模試でのケアレスミスですから，本番でやらなければよいだけです。

　しかし，多くの人は，「なんだケアレスミスか。次に気をつければいいや」
となめてかかります。場合によっては，「ケアレスミスか。本当はあと１問分，
点が上がっていたのにな。よし，あと１問取れていたと考えよう」などと捉え
る人もいます。

　これでは，いつまで経ってもケアレスミスはなくなりません。**「どうしてケ
アレスミスをしたのか」を分析して，次に同じミスはしないような具体的な対
策を講じるべきです。**「次は注意しよう」というだけでは，何の対策にもなり
ません。

■具体的な対策例

例1　**「次の記述のうち，誤っているものの組合せを選べ」という問題で，
正しいものを選んでしまうミスをした場合**
　「正しいものを選ぶのか誤っているものを選ぶのかを意識していなかったか
ら間違えたのだな」と分析して，「選択肢を見る前に問題の上部に大きく×を
つけておく」というような対策を講じましょう。

例2　**文末の「～できない」を読み間違えた場合**
　「早く解答を出したい気持ちもあり，文末までたどり着いたところでいつも
焦って肯定と否定を読み間違えてしまうな」と分析をして，「文末を読むとき
は波線を引きながら読もう」と対策をしましょう。

　私自身も「監査役設置会社」と「監査役会設置会社」を読み間違えることが
ありました。「会」の文字が有るか無いかの違いですが，意味が異なります。
そこで，これらの言葉が出てきたときには，この言葉に波線を引きながら読み，
「会」が出てきたら○印をつけることにしました。そうすることで，二度と間
違えないようになりました。

　マークシートを１問ずつずれて塗ってしまう，記述式問題の解答用紙の裏と
表を間違えてしまうなど，失敗しやすいところもあるので，実力を発揮できる
ように細心の注意が必要です。

　『司法書士試験　解法テクニック50〈第２版〉』にも，実力を発揮するための
様々なテクニックを掲載していますので，参照してみてください。

45　時間内に処理する方法

　　　合格のためには，試験時間内にその実力を発揮しなければなりません。
特に午後の部は択一式と記述式を合わせて３時間，時間との勝負です。
限られた時間の中でいかに実力を発揮するかを考えておきましょう。

■午後の部の時間配分

　午後の部においては，**記述式問題に２時間残しておくことが必要**です。記述
式問題は，配点も高く大きなミスが許されないからです。資料を正確に読み取
り，正しい解答を導き出すためには，時間を十分にかける必要があるのです。
　そのために，**択一式問題を１時間程度で解かなければいけません**。択一式問
題は，解き方によっては解答時間を短縮することができます。

■時間短縮する解き方の例

　択一式問題のほとんどの問題は，「次のア〜オの記述のうち，正しいものの
組合せは，下記の１〜５のうちどれか」という組合せ問題です。この場合，
「１　アエ　２　アオ　３　イウ　４　イオ　５　ウエ」というような組み合
わせの中から解答を選ぶことになります。
　このような問題において，**すべての選択肢を読もうとしなければ時間を短縮
することができます**。たとえば，アが正しいと判断したら，解答は，アが含ま
れているものでなければなりませんから，先ほどの解答例では１か２に答えを
絞ることができます。
　１と２の違いは，エが正しいのか，オが正しいのかなので，どちらかの判断
がつけば正解にたどり着けます。たとえば，エを見て，エが誤っているとわか
れば，２が正解ということになります。
　このようにすれば，すべての記述を読まずに，大幅に時間を短縮すること

できます。今の問題で，解答が2とわかった後に，イウオの文章を読んではいけません。もう解答が出ているので，読む時間があれば，次の問題に進み，記述式問題に時間を残すべきなのです。

■時間内に解き終わるためのルール

　本試験で時間内に解き終わるためには，次の2つのことを守る必要があります。

> ①　時間配分をあらかじめ決めておく
> ②　決めた時間配分を守る

　時間が足りなくなるのは，このどちらかを守らないからです。

　択一式問題であれば，マイナー科目は1問1分，不動産登記法・商業登記法は1問2分と決めておき，必ず守ることが必要です。時間内に解けない問題があっても，予定通り次に進みましょう。あとで時間が余ればその問題を解けばいいのです。1問でも時間を守らないと，ずるずると時間を使ってしまうことになり，最後まで解き終わらないので，絶対守らなければなりません。

■答練・模試でリハーサルする

　問題を解く順番もあらかじめ決めておきましょう。具体的には次のとおりです。

> ・択一式問題から解くのか，記述式問題から解くのか。
> ・択一式問題の中でもどの問題から解いていくのか。

　答練・模試でいろいろな順番などを試して，自分にぴったりの作戦を見つけましょう。しっかりリハーサルした作戦でなければ，本番で成功しません。作戦を確定したら，その作戦を答練・模試で複数回リハーサルしておきましょう。

46 問題文の読み方

実力を発揮するためには，問題文を間違いなく読む必要があります。すべての選択肢を読んでいる時間はないですが，読む選択肢は間違いがないように読まなければなりません。読むときの注意点を挙げておきます。

■リード文に注意して読もう

リード文は各問題の冒頭にある記載で，次のようなものです。

> 株式会社の発起設立に関する次のアからオまでの記述のうち，正しいものの組合せは，後記１から５までのうち，どれか。

「正しいもの」の組合せを選ぶのか，「誤っているもの」の組合せを選ぶのかに注意しなければならないということは前述したとおりですが，他にも注意すべき部分があります。

それは，「**発起設立に関する**」という部分です。「ア〜オまでの記述が何の分野に関する問題か」を示した部分であり，けして読み飛ばしてはいけません。

この問題は，ア〜オまでの記述が「発起設立」に関するものであることを前提に読まなければなりません。株式会社の設立には，発起設立のほかに募集設立もあります。また，組織再編行為による設立もあります。この問題においては，発起設立の場合に限定して考えなければならず，募集設立や組織再編行為による設立についての記述は誤りと判断しなければならないのです。

また，会社法・商業登記法では，「監査役設置会社に関する」，「取締役会設置会社に関する」など機関設計を限定している場合もあるので，注意が必要です。

さらに，リード文の中に，「**なお，〜**」と付け足しのように記載されている**情報も見落としてはいけません。**このような情報も問題を解くのに必要だから記載されているのであり，この情報がなければ解けないことも多いのです。

■長い記述の選択肢はスラッシュをつけよう

ここで，1つサンプルを示しましょう。

> イ　監査の範囲が会計に関するものに限定されている監査役を置いている取締役会設置会社において，取締役及び監査役の全員が出席した取締役会の決議によって代表取締役を選定した場合には，代表取締役の就任による変更の登記の申請書には，当該取締役会の議事録に押印された出席した取締役又は監査役の印鑑と変更前の代表取締役が登記所に提出している印鑑とが同一であるときを除き，当該取締役会の議事録に押印された出席した取締役及び監査役の印鑑につき市町村長の作成した証明書を添付しなければならない。
>
> （R5－午後31－イ）

　結論からいえば，これは正しい選択肢です。ただ，このような長い選択肢を正しいと判断するのには注意が必要です。この長い記述のうち，どこか1ヵ所でも誤りを含んでいると，誤りの選択肢となるからです。

　このような**長い記述の選択肢を間違いなく判断するには，それぞれの部分を読み飛ばすことなく，判断しなければならない**のです。そのため，スラッシュをつけて，それぞれの部分を意識して読むとよいでしょう。

　次のような要領です。

> イ　監査の範囲が会計に関するものに限定されている監査役を置いている／取締役会設置会社において，／取締役及び監査役の全員が出席した／取締役会の決議によって／代表取締役を選定した場合には，／

　このようにすれば，それぞれの部分ごとにきちんと判断しなければならないことを意識することができるでしょう。

森山の受験体験記 episode 5
限界まで勉強した直前期

　学習を始めて5ヵ月がたち，4月になって大学4年生に進級しました。本格的な直前期です。4月の半ばにも模試がありましたが，やはり成績は伸びません。記述式問題では，0点や2点なども取っていました。

　でも，こんなことであきらめている場合ではありません。あきらめてしまったら，また浪人生活が待っています。「まだ覚えていないから点数がとれないだけだ。どんどん覚えていけばよい」と自分に言い聞かせて限界まで勉強していました。

　毎日自習室で夜まで勉強していましたが，夜自習室を出るときには，限界を超えて頭が疲れており，何も考えることのできない状態でした。

　ある日，気づくと夜中に，見渡す限り一面にお墓が広がっている中に立っていることがありました。自分は死んでしまったのかと思いました。何が起こったのか全くわからないのです。

　実は自習室から帰る途中に迷子になり，大きな霊園に迷い込んでしまっていたのですが，本当に冷汗が出ました。それほど限界まで勉強していました。

　また，散歩の途中に青空を見上げると，目の中に汚れがあります。飛蚊症になってしまったのです。手は腱鞘炎で常に痛みます。緊張と不安で夜は何回もうなされて起きてしまいます。もうこんな生活はこりごりだ。早く合格したいという気持ちでいっぱいでした。

　あまりに不安な毎日でしたが，5月14日に赤坂ブリッツで行われたウルフルズというバンドのライブに気分転換として行って，「ガッツだぜ!!」を聴き気持ちが吹っ切れました。とにかくやればいいんだと思うことができたのです。それ以来，試験までは朝起きるのと同時に「ガッツだぜ!!」を聴き，ヤル気をみなぎらせてテンション高い状態で自習室に行っていました。

第６章

合格する精神術

47 受験の動機を明確にする

 Check! 　司法書士試験の学習を始めると思うようにいかないことも多々あります。そのときに，乗り越えられるかどうかは，司法書士になろうという強い意志があるかどうかにかかっています。

■合格への決意を明確にしよう

　「学習が予定通りに進まない」，「成績が思うように伸びない」などということで悩むことも多いでしょう。また，急な残業があったり，子どもが風邪をひいたりして，勉強時間が取れないこともあるかもしれません。そんなことが重なると，「自分には司法書士になるのは無理なのではないか」，「あきらめてしまおうか」と思ってしまうかもしれません。

　だからこそ，「合格への決意」を明確にしておきましょう。合格後のイメージを持つこともいいでしょう。自分の事務所を開いて，自分の好きな仕事をするなどと具体的にイメージすることもいいかもしれません。また，司法書士となってお金を稼いで，しっかり家族を支えていくという目標も現実的ですね。

　逆に，会社にいるのが大変で早く辞めたいという人は，「早く司法書士の資格をとって，こんな会社辞めてやる。合格できなければこのままだ。絶対合格してやる」という気持ちを明確にしておくこともいいでしょう。そして，「自分は合格することができる」と強く思いましょう。

■紙に書いて貼り出す

　そのような自分の気持ちは，心の中に思っているだけではなく，紙に書いて貼り出しておきましょう。毎日その紙を目にして，声に出して読んでみましょう。

　単に心に思っているより何倍もヤル気になるはずです。願いを形にすること

で，その人の潜在意識を高ぶらせることができるのです。進学塾で「合格」と書いて掲示することや絵馬を奉納することと同じです。

■合格体験記を読む

司法書士試験に楽に合格した人はいません。大変な状況の中で，あきらめず闘うことができるかどうかは，まさに「絶対合格できるという気持ちがあるかどうか」なのです。

そのような気持ちが揺らいで「合格できないかも…」と考えるようなことがあれば，合格体験記を読むといいでしょう。自分と同じような状況の合格者，自分と同じ講座・同じ教材で勉強している合格者，憧れの合格者の体験記を読めば，「みんな自分と同じように大変だったんだな。自分も頑張れば合格できる」と思えるはずです。

私のクラスの受講生には，『司法書士試験 すぐに結果が出る勉強メソッド55』を読み，超上位合格者の小野彩加さんに憧れ，同じようになろうと考え，自身も超上位合格を果たした人も多いです。

本書『合格する勉強法60』には多くの合理的な学習法も，時間術も紹介しています。絶対合格するという強い気持ちがあれば，「絶対覚えなければならない」，「どうにか時間を作らなければならない」という意識が生じ，本書で紹介した方法もより効果的に実践できるはずです。

絶対合格への強い気持ちが，合格を手繰り寄せるのです。

人生は敗者復活戦！ 挑戦に年齢制限はない！
試験に合格する秘訣は，受験動機の明確化と正しい学習方法の確立です。私の場合の受験動機は，①70歳からでも生き甲斐をもって社会貢献できる仕事に就きワクワクした人生を送りたい，②前職は県立高校教員，生徒達に「人間の可能性は無限大」と言い続けてきた手前，自分自身も実践し教え子達に手本を示したい，③20代の頃仕事もせず堕落した人生を送っていた自分の人生のリベンジを図りたい，といったものでした。

🐟 安東健郎さん

48 合格体験記を事前に書く

Check!
　学習が大変なときや気持ちが揺らいだときには，合格体験記を読むことをオススメしましたが，自分で「自分の合格体験記」を書くこともオススメです。

■先に合格体験記を書くメリット

　「合格体験記は，合格したから書くものではないの？　合格する前に書いてしまうの？」とびっくりする人も多いでしょう。でも，そのとおりなのです。**学習の初期段階で合格体験記を書いてしまうのです。**

　もちろん，これから勉強をして合格を勝ち取っていくのであって，実際に体験したことを書くわけではありません。しかし，これを実際に体験記として書くことに意味があるのです。

メリット①　**これからの勉強の流れを具体的に認識できるようになる**

　合格体験記を書いておくことで，「この分野はこのくらいまでに仕上げておかなければならないな」と計画的に学習ができるようになります。学習は，計画を立てて進める必要がありますが（⇒P8），その計画をイメージとして認識できるわけです。ちょっと予定に後れてしまったなら，「合格のためにもう少し頑張ろう」という気持ちにもなれます。

メリット②　**つらい学習を乗り越えることができるようになる**

　「このように合格しました」と書くことで，「自分は合格できるんだ」と自分を励ますことができます。つらいときを乗り越えるには合格への強い気持ちが必要ですが，その気持ちを明確に意識できるようになるのです。

■どんな合格体験記を書く？

　ここで，自分ならばどんな合格体験記を書くだろうかということを考えてみ

てください。考えてみましたか。

「あまり勉強せず毎日テレビを見ていましたが合格できました」

「毎日飲み歩いていましたが合格できました」

こんな体験記ではないですよね。そういうことをしていては合格できないということがわかります。

「仕事で疲れていても喫茶店に寄って勉強してから帰りました」

「電車の中でもひな形を覚えていました」

きっとこんなことを書くでしょう。あとは，それを実行するだけとなるのです。

時には，「もう無理かも…」という不安な気持ちになることもあるでしょう。そのときには，どのような体験記を書くでしょうか。

「模試ではＥ判定だけど，テキストを必死に覚えました」

「なかなか覚えられなかったけど，直前期にもあきらめず頑張りました」

きっとこのようになるでしょう。ドラゴンボールのような戦闘シーンの多い漫画ではないですが，合格体験記を意識すれば，このようなピンチこそ見せ場だと頑張れるようになります。

■１年後の合格体験記

合格体験記は必ず「～しました」というように過去形で書きましょう。それにより，単なる予定ではなく，真実だと思うことができ，「必ず実現しなければ」という気持ちにつながるのです。

また，合格体験記は，必ず１年後の試験で合格するものを書きましょう。１年での合格を強く意識しなければ，１年で合格することはありません。

司法書士の試験勉強は，下りのエスカレーターを逆行して昇るようなものです。覚えることが多いので，忘れる速度より早く覚えなければ，いくら頑張っても，現状維持なのです。「何年勉強しても，いいところまで行くけど合格できない」という人はこのような状態であることも多いです。

「１年」に集中して勉強をする必要があるのです。それを実現するためにも，合格体験記を書いて，勉強に打ち込めるようにしましょう。

49 最初はなかなか伸びないもの

「なかなか覚えられない」「点数が思うように上がらない」という悩みを聞くことが多くあります。結論から言えば，これは仕方がありません。

■続けることでできることは増えていく

　記憶にしても，最初はなかなか覚えられません。何回も繰り返しているうちに，覚える力は加速度的に上がるようになります。乾いた畑に水撒きをするようなものです。最初は水を撒いても，撒いたそばから土が乾いてしまい意味がないように見えます。しかし，あきらめずに撒いていると，ある時から急に土が湿ってきます。記憶も同じです。**覚えられなくても，脳の中に刺激を与え続けることで，はじめて覚えることができるようになる**のです。

　「記述式問題が解けるようにならない」という悩みもよく聞きますが，同じです。記述式問題は，論点知識・ひな形・解法という総合力が問われるものですから，1つひとつの学習が進んでいってもなかなか解けるようにはなりません。

　記述式問題を解いたときに，「今回は，論点は把握できた」，「ひな形は書くことができた」など**部分的にできるようになったことを見つけてください**。それが増えていれば，正解にたどり着いていなくても，学習が進んでいる証拠です。

■成績は後から加速度的に伸びる

　「答練や模試の点数がなかなか伸びない」ということもよく言われます。一発合格を目指して学習している人など，勉強期間が短い受験生は特にこの傾向が強いです。

　直前期になって答練・模試を受けても，D判定・E判定ということがあります。一般的にいえば，このままでは合格は遠いという宣告のようなものです。しかし，このような成績をとっているにもかかわらず，見事合格できた受験生を多く見てきました。それは，**成績の伸びは勉強期間に比例して伸びるものではないから**です。初めはなかなか伸びず，加速度的に伸びていくものなのです。

　たとえば，中学生や高校生のときを思い出してください。歴史の学習をする際に，原始時代から現代まで一通り勉強しても成績は伸びてきません。その一通りの学習の後にもう一度原始時代に戻って，何回も覚え直すことではじめて成績に反映されるのです。

　司法書士試験も同じで，直前期に何回も覚え直しをすることで成績がどんどん上がっていきます。一通りの学習が済んでもなかなか成績には反映されないのです。早めにインプットを済ませて，繰り返し学習の時間をとりましょうと言ったのもこれが理由です。

■信じて続ける

　本試験は，100cmの高跳びだと思ってください。一生懸命練習して70cm跳べるようになっても，さらに練習して80cm跳べるようになっても，成績は同じです。100cm跳べるようになって，はじめて成績に反映されるのです。成績に反映されていなくても，**自分の内部では成長していると信じてあきらめず勉強を続けていくしかない**のです。

　なお，本試験が100cmの高跳びならば，模試は110cmの高跳びです。本試験より難しい問題を用意することで，本番でも実力が出せるようにするためです。このことから，模試では成績が出にくくなっているという意味もあります。模試で思うような点数がとれなくても不安になりすぎる必要はありません。模試の結果に一喜一憂せず学習を続けていくことが重要なのです。

50 体調管理

 Check! 　司法書士試験の学習期間は，短くても１年以上の長丁場となります。短距離走ではなく，マラソンのような試験です。マラソンを最後まで走りきるようなことが要求されているのです。

■ペース配分

　最後まで走りきるためには，ペース配分が重要です。マラソンにおいても，はじめから全力疾走すると途中でバテて抜かされてしまいます。かといって，ゆっくりしたペースではゴールにたどり着けません。

　初めのうちは，「日曜日の夜は趣味の時間にしようかな」などと，１週間に一度くらい休息を入れましょう。もちろん，直前期にはそのような時間はとれません。「いかにラストスパートをかけるか」が重要です。

■健康管理

　長丁場の試験ですから，健康管理にも気をつけなければなりません。健康であるからこそ，集中して学習を進めることができます。よくあるのは，虫歯です。試験の直前に歯が痛くなり勉強どころではなくなったという受験生も少なからずいます。普段から検診するなどしておきましょう。

　さらに，特に注意が必要な健康管理についてお話ししましょう。

☑目

　まず，司法書士試験においては，「目」を酷使します。普段の学習においても，たくさんの文章を読んで学習することになりますが，本試験においても，大量の択一式問題の文章を読み，何ページにも渡る記述式問題の資料を見ることになります。

　本試験でスムーズに問題文を読むためにも，目をしっかり使える状態にして

おく必要があります。また，「勉強で疲れたな」，「脳がもうこれ以上働かない」という場合の多くは，目の疲れが原因であることも多いです。勉強の間の休憩時にはしっかり目を休めるようにしましょう。

　休憩時にスマホのゲームなどをするのは，記憶の定着にもよくありませんが，目にとってもよいことではないのです。休憩時間には遠くを見るなどしましょう。時々，ホットアイマスクで温めるとリラックス効果もあります。

☑腰

　本試験では，硬い椅子に5時間座り続けなければなりません。腰痛にも注意しましょう。日頃から散歩やストレッチなどをして，体の硬直状態を解消するように心がけましょう。

☑腱鞘炎

　司法書士の試験では，記述式問題の解答の記載量が膨大です。記述式問題の解答は，「黒のボールペンまたはペン」で大量の記載を短時間で行わなければなりません。あまりの分量に腱鞘炎となり解答できなくなってしまう受験生もいます。書きやすく，腕が疲れないボールペンを真剣に選び，普段の学習から慣れておくようにしましょう。

　ゲルインキのペンが，手が疲れなくてオススメです。問題文に限っては，蛍光ペンや色付きのペンでチェックすることも許されます。よって，3色ボールペンなども含めて試してみましょう。択一式問題の解答は，マークシートに鉛筆で記入しますが，塗りやすい鉛筆・消しやすい消しゴムなども選んでおきましょう。

　文房具も本気で選んでください。本試験で力を出し切ることにつながるので妥協してはいけません。小さなことにもこのように気持ちを込めることで合格を勝ち取るモチベーションが上がっていくのです。

ランニングで心身のバランスを保つ
時間を無駄にせず，勉強に打ち込みましたが，その一方，勉強だけだと頭だけが疲れて良くないと思い，定期的にランニングをしていました。このことで，心身のバランスも保ちながら勉強を続けることができました。

 N・Hさん

51 家族の協力は必要不可欠

Check！

　司法書士試験の学習期間は，1年以上の長期間に及びます。また，休日も勉強優先になるため，家族サービスや子どもと遊ぶ時間などもなかなか思うようにはとれなくなってしまいます。答練や模試を受験するにも子どもを家族に任せるなどしなければなりません。では，どうすれば，家族に協力してもらえるのでしょうか。その点について，考えていきましょう。

■パートナーに自分の学習計画を伝える努力をする

　家族の協力がなければ，学習を進めていくことは到底できません。司法書士試験などの資格取得の学習は，自分や家族が幸せな生活を送るための手段であるべきですが，受験勉強によって家族の関係にヒビが入ってしまっては，意味がありません。

　司法書士試験の学習をスムーズに進めるためには，家族に司法書士の資格を目指すことを理解してもらって，応援・サポートをしてもらうことが必要です。しかし，なかなか家族に理解してもらえない，家族に反対されているという方も聞きます。

　まずは，**パートナーの理解が必要**です。納得して応援してもらえるためには，以下の点がポイントとなります。

> ① いつまで勉強させてほしいと期限を区切って説明をする
> ② 合格までの計画を示して本気度を示し，本気で学習をする
> ③ 自分や家族にとっての将来の展望を示す
> ④ 家事の分担などを話し合ってできる家事は積極的にする

　つまり，「パートナーが理解してくれない」と嘆くのではなく，自分の学習計画をきちんと立て，それを伝える努力が必要なのです。

ポイント①　いつまで勉強させてほしいと期限を区切って説明をする

　受験勉強をするほうも大変ですが，それを応援しサポートするほうも同じくらい大変です。期限もなく，いつまで応援していいのかわからないのは精神的につらいですから，反対するという反応が出てくるのも当然です。期間を区切って，その間だけ応援してくれと伝えることが必要です。

ポイント②　合格までの計画を示して本気度を示し，本気で学習をする

　本気度が伝わらなければ納得してもらうことは不可能です。また，せっかく家族の協力が得られても，本気で学習していなければ，協力する気もなくなってしまいます。本気で取り組まなければ合格できない試験ですが，家族の協力を得るためにも本気で取り組む必要があるのです。

ポイント③　自分や家族にとっての将来の展望を示す

　家族が反対するのは，将来の展望が見えないからということが多いです。「今の会社で十分ではないか」，「資格を取ったらどんな生活になるのか」という不安が大きいのです。人間は，変化を好まず，現状が維持されることに安心を覚えるものだからです。司法書士の資格を取った後に，どのような展望があるのかをしっかり伝えましょう。

ポイント④　家事の分担などを話し合ってできる家事は積極的にする

　短時間でもいいので，自分のできることはしましょう。試験勉強をすることは大変なことですが，家事をしなくてよいという免罪符にはならないのです。また，短時間でも家族とのコミュニケーションは大切にしましょう。

■子どもにもきちんと伝える

　子どもにも「ママ，勉強頑張るね」などと伝えましょう。きっと本気で応援してくれるはずです。ただ，子どもにあまり我慢させるのもかわいそうなので，時々は本気で遊ぶ時間を作るなどしてあげて，また試験後は思う存分，子どもと遊んであげてください。

　応援してくれる家族のために頑張ろうと思えば，自分のためだけに頑張るより，強く闘うことができます。家族のサポートを得て，本気で勉強に取り組んでください。

52 スランプ克服法

勉強を進めていると，スランプに陥ることがあります。気持ちが落ち込んで勉強する気になれず，場合によっては勉強をあきらめてしまう原因になってしまいます。

■スランプとは

　まず，スランプは気持ちの落ち込んだ一種のうつ状態です。ですから，何もかも悪い方向に考えてしまい，正しい判断ができなくなってしまいます。客観的には悪い状態でないのに，「もうだめだ。合格はあきらめよう」などと考えてしまうのです。このような状態のときには，そのような大きな判断は先延ばしにして，無理に判断しないようにしましょう。

　このようなスランプ状態は，うまく切り抜けないと悪化することも考えられます。ここでは，そのようなスランプからの脱出法をお話ししましょう。

■無理は禁物

　スランプになったら，無理は禁物です。少し体を動かしたり，趣味の時間を過ごしたり，映画を見たりしましょう。気分転換となり，勉強をする気になるはずです。場合によっては，「こんなことをしている時間はない。勉強をしなきゃ」というように，前よりヤル気になることもあるかもしれません。

　ただ，あまり長い期間，勉強から離れるのも得策ではありません。少しでも勉強を進めていかなければなりませんが，そのようなときは，得意科目を勉強するなど，自分に自信をつけるような学習をしましょう。すでに覚えていることを確認するような学習をすることで，自分はできるという気持ちが回復してきます。うつ状態を改善する行動療法でも「できることをやる」ということが行われますが，スランプも一種のうつ状態である以上，そのような対応が適切

なのです。

■頑張っている証拠

　ここで，考えてほしいのは，スランプになるのは，しっかり勉強している人だけであるということです。勉強していなければスランプにも陥りません。自分は今までしっかり勉強してきたんだなと自分をほめてあげてください。ここまでやってきた勉強を振り返ってみてください。結構進んできていることがわかると思います。合格すれば，誰からも「すごいね」と言ってもらえますが，合格するまでの頑張りは，自分しかわからないことも多いです。しっかり自分をねぎらってあげてください。

■不安を書き出す

　スランプ状態の1つとして，不安になって勉強が手につかないということがあると思います。そのようなときは，不安を書き出してみましょう。そうすれば，その不安の多くは，自分にはどうしようもない漠然とした不安であることに気づくでしょう。そうであれば，自分にはどうしようもありませんから，気にする必要はありません。また，「できなかったらどうしよう」「ここが出題されたらどうしよう」という勉強の不安は，勉強をすることで解決するしかありません。

　そもそも，不安になるというのは，スランプの場合と同様，しっかり勉強をしている証拠です。考えてもみてください。「空を飛べなかったらどうしよう」と不安になることはありませんよね。人間は，できないことには不安にならないのです。「大丈夫かな。合格できるかな」と不安になるのは，合格可能性があるからなのです。

森山の受験体験記 episode 6
激闘の本試験当日

　6月6日に公開模試を受けました。この模試の結果は，午前の部が35問中20問，午後の部が35問中23問正解でした。まったく合格点には届いていない点数でしたが，「あと1ヵ月でどうにかすればいい」と考えていました。

　最後の1ヵ月は，テキストや過去問，そして，民法の『直前チェック』をひたすら繰り返していました。また，時間を見つけては，予備校で買った記述式問題集を解いていました。

　試験前日は，実力を発揮できるようにするため，夕方4時には勉強を終わらせ，高田馬場の銭湯に行きリラックスして，いつものようにラーメン千代作で夕食を食べて帰りました。ラーメン千代作では，頼んでもいないのに，煮卵と多めののりを載せてくれて，「頑張れよ。合格できるよ。毎日頑張っているのを見てきたんだから」と言ってくれました。本当に合格できる気がしました。

　いよいよ試験当日。想定外のことが起きるといわれますが，午後の部の試験の途中で私の受験している教室のエアコンが突然止まってしまいました。真夏で黒いカーテンを閉め切っている教室の温度はどんどん上がっていきます。しかも，窓際の席です。当時は，水分補給も認められていませんでした。もうだめかと思いましたが，こんなことで負けていられないと，トイレに立ち，顔をバシャバシャ洗って気を取り直して，試験に取り組みました。難問も続きましたが，「どんなことにもあきらめてはいけない，あきらめなければどうにかなる」と，腱鞘炎の痛みに耐えながら，最後まで答案を埋めました。

　この試験で無事に合格することができました。最後の最後まで試練が待ち受けていた司法書士試験でしたが，あきらめず限界まで闘うことで合格を勝ち取ることができたのです。

第7章

直前期の学習法

53 直前期の学習方針

司法書士試験の筆記試験は7月上旬に行われますが，4月から本試験までの約3ヵ月が直前期と呼ばれます。ここでは，直前期の学習方針について考えていきましょう。

■仮想試験日に向けた学習計画

　まず，大まかでよいので，「直前期の計画」を立てましょう。計画は，本試験を目指すのではなく，本試験の2週間程前に行われる模試の日を本試験だと仮定して立てるようにしてください。模試の日を「仮想試験日」とするわけです。

　どうしても苦手分野が克服できなかったり，予定通り終わらなかったりして，「あと1週間あればできるのに」ということも生じます。仮想試験日を目標に予定を立てておけばこのようなことがあっても対処できます。

　仮想試験日に実施される模試を，本試験のつもりで受験する必要があるのはもちろんです。その仮想試験日以降の予定はあらかじめ立てるのではなく，その模試の終わった夜にその日の模試も参考にしつつ，弱点を埋めるような形で本試験当日までの予定を立てましょう。

■直前期にやるべき2つのこと

　直前期にやるべきことは，次の2つです。

> ① 知識の詰込み・確認
> ② 本試験のシミュレーション（P124で詳述します）

　「知識の詰込み・確認」は，**テキスト・基本書・暗記ツール・過去問など**を**使って，今まで覚えたはずの知識を確認して頭に詰め込むこと**です。これは，今まで使用してきた教材で行ってください。直前期に新しい教材に手を出して

も，使いこなせるまでに時間がかかってしまいます。今まで使ってきた教材だからこそ，記憶の定着を図ることができるのです。

予備校では，直前期の講座が用意されます。魅力的な講座が並んでいるかもしれませんが，そのようなものは極力利用しないことが重要です。**記憶の作業は，今まで使ってきた教材で，自分で行わなければ身につかない**からです。同じ教材を繰り返すからこそ，記憶は定着します（⇒P59）。

記憶すべきことは自分が一番把握している上に，話を聴くのは時間がかかることなので，直前期に予備校の講座を利用しても，時間の無駄になることが多いです。予備校はうまく利用すると効率的に勉強することができますが，逆に予備校に利用されないように注意しましょう。

直前期の学習では，理解より暗記を重視することが必要です。覚えていれば点数はとれます。直前期より前の時期は，理解して記憶することが重要ですが，この時期は，もう試験まで時間がありませんから，とにかく頭に入れることを重視しましょう。

本試験までの期間が短いので，単純な暗記でも本試験まで覚えていられるはずです。また，今まで一生懸命勉強してきて理解できなかった知識が，短時間で理解できるとも思えません。「とにかく覚えていればいいんだ」と割り切ってしまいましょう。

また，**テキスト・基本書・暗記ツールを使った網羅的なインプットと，過去問を利用した問題演習をバランスよく行ってください**。過去問ばかりだと，体系的な記憶を維持することができない上に，過去問に出ていない論点に触れる機会がなくなってしまいます。逆に，テキスト・基本書・暗記ツールだけだと，本試験問題を解く感覚が鈍くなってしまいます。

模試で綿密な予行練習
予行練習のためにできるだけ模試を受け，解く順番や時間配分を確認しました。複数の予備校を使うことで，どんな問題が出されても動揺しないように心の準備を整えました。そして，使い慣れたメモ入りのケータイ司法書士を繰り返し眺め，特に苦手な論点は何度も目に入るようにしました。

🍎 浦本みずきさん

54 学習科目の複線化

 Check! 　直前期の学習では，学習科目の「複線化」をする必要があります。複線化とは，いろんな科目を同時に学習していくことです。

■複線化で「頭を切り替える能力」を鍛える

　ある科目を一通り学習してから次の科目に進むという勉強では，同じ科目を学習するインターバルが開いてしまい，繰り返す回数が減ってしまいます。**直前期には，記憶の定着を図るため，短いインターバルで何回も同じ知識を確認する必要があります。**

　逆に学習科目の複線化を行えば，繰り返す回数が増えるのはもちろんのこと，**本試験で必要とされる「頭を切り替える能力」を鍛える**こともできます。本試験では，次々に科目が切り替わりますから，この切替能力を鍛えておけば，本試験で実力を発揮しやすくなります。

　ただし，すべての科目を同じ比重で複線化する必要はありません。たとえば，ある時期の学習内容として，メイン科目は民法・不動産登記法で，サブ科目として会社法・商業登記法・供託法をやろうという具合です。メイン科目はテキストの読み込みをしっかり行い，サブ科目はスキマ時間を利用して暗記ツールでの知識の確認などを高速で行うわけです。メインとサブを分けることで，ある程度丁寧な学習をしつつも，繰り返す回数を増やせるのです。

■読み込みはメリハリをつけてスピードアップ！

　繰り返す回数を増やすためにも，テキスト・基本書の読み込みは，ゆっくり行うのではなく，スピードを上げて行ってください。いわゆる速読です。しかし，特に速読の訓練をする必要はなく，**「知識の確認をする」ようにテキスト**

を利用すればよいのです。苦手なところ，覚えていないところを多めに読み込むなど，メリハリをつけるようにしましょう。パッパパッパッと進めることで，**情報が「映像」として頭に入り，忘れにくいものになる**というメリットもあります。

■「問題を解いたふり」をして時間を節約しよう

記述式問題は「総合力」が問われますから，**直前期には，やはり本試験レベルの問題を解くという経験がある程度必要**なのです。いわば，場数を踏むことが求められます。

しかし，だからといって，バランスを崩してはいけません。本試験レベルの記述式問題を解くのは時間がかかることなので，あまり多くの時間を問題練習に費やしてしまうと，テキスト・基本書・暗記ツールなどの勉強に支障をきたします。

予備校で答練・模試などを利用する人は，週1回ほど新作問題が提供されるので，その問題を利用すればよいでしょう。あとは，今まで解いたことのある問題で間違った部分について「解くための思考回路」を確認することや，今までの答案を見直して論点を確認することなどをすれば，時間をかけずに問題を解いたのと同等の効果を得られます。私は，よく「問題を解いたふり」をして時間を節約しようとお話ししています。

■限界を越えよう！

直前期にどれだけ勉強時間がとれたかは，合否を分ける大きな要因となります。限界を感じても，「あと10分やろう」，「もう1問やろう」と粘りましょう。本試験では「頭がもう働かない」という限界を感じることがありますが，この経験は，そのようなときにも役に立ちます。

55 直前期にやるべき具体的内容

 Check! 直前期には，今まで使ってきたテキスト・基本書・暗記ツールを繰り返すことが重要です。具体的には，メイン科目として，4月に全科目を1回転，5月6月に3回転するのが目標です。また，サブ科目として，その学習と並行して，何回も復習するようにしましょう。

■直前期に使う過去問は

　過去問を解くことも重要ですが，この時期に使用する過去問は，「年度別過去問」をオススメします。

　理由の1つが，**時間を測って解くことで素早くこなすことができるからです。**本試験のように時間を測って解けば，1日で1年分をこなすことができ，10日あれば10年分の過去問を解くことができます。あまり過去問を進められていない受験生も，最後に追い込みをかけることができるのです。

　もう1つの理由が，このように利用することで**本試験のシミュレーションとなるからです。**たしかに，答練・模試でもシミュレーションとなりますが，本試験の問題特有のクセをつかむことができるメリットがあります。また，答練の場合，わざと難しい問題を出題してくることも多いですが，本試験の難易度でシミュレーションをすることができ，実力を適切に測ることができます。

■直前期に受ける答練は

　直前期は，予備校で答練（答案練習会）が行われます。答練は，毎週，予備校の作った問題を演習する講座です。模試と異なり，本試験と同じように1日かけて行うのではなく，出題範囲の指定があったり，午前の部と午後の部を隔週で行ったりして，シミュレーションとしての機能より，問題演習そのものの効果を狙って行われます。

　ただし，答練には時間を取られます。そのため，利用する場合には，答練に振り回されないように注意しましょう。具体的には，答練の復習はその日のうちに済ませて，翌日に持ち越さないように心がけましょう。

　復習に何日も時間をかけていると，テキスト・基本書・暗記ツールという自分のやるべき学習が進まなくなってしまいます。復習としては以下のポイントを確認するとよいでしょう。

> ☑ケアレスミスをした場合には，それを防ぐ方法を考える。
> ☑時間配分の失敗の対策をする。
> ☑勉強したはずなのに思い出せなかった問題，あるいは間違えた問題を復習し，覚え直す。

　答練では，今までテキストに出てこなかった知識も出題されますが，それを覚えようと思う必要はありません。今まで見なかった知識は重要な知識でない可能性が高く，本試験で出題される可能性は高くありません。

　また，そのような知識を直前期に覚えることは困難です。それらに振り回され，テキスト・過去問の重要知識の勉強を怠ると，「枝葉末節な知識は知っているが，大事なことを覚えていない」というドーナツ化現象が起きてしまいます。

　各予備校で，出題予想の講座もありますが，その講座の使い方には注意が必要です。本試験では予想された分野だけが出題されるわけではないので，その分野だけ勉強するというのは間違いです。予想講座で出題が予想された分野はより時間をかけて学習するなどメリハリをつけつつも，自分の学習を優先させましょう。

　答練も出題予想の講座も使い方を間違えないようにしましょう。

> **答練・模試の悔しさをバネに**
> 答練や模試のときに，不動産登記法の記述式問題で盛大に枠ズレをしてしまい，「もういやだ」と泣いてしまったこともありました。しかし，その時の悔しさをバネに「答練・模試の失敗を本試験に生かそう」という前向きな姿勢で不動産登記法の記述式問題に取り組めるようになりました。

S・N さん

56 模試の活用法

直前期には，本試験のシミュレーションとして，模試を受験すること
が必要です。本番で力を出し切れるように，本番を想定した予行演習を
するわけです。しっかりしたシミュレーションをするために，複数回の
受験が必要となります。

■模試は本番のように～準備編

　本番を想定したシミュレーションをする必要があるので，普段は自宅で学習
したり，通信講座を利用したりしている受験生も，**模試は，できる限り，予備
校で受験するようにしましょう。**

　「模試は本番のように，本番は模試のように」とよく言われます。本試験で
実力を発揮できるようにするためには，模試をできるだけ本試験と同じ緊張感
をもって受験しましょう。そのために，以下のような状態で受けるようにしま
しょう。

☑**本試験を受験する服装などを決め，模試でも同じ服を着ていく**

　服装は，動きやすくて楽な服装がオススメです。ショッピングなどにいくわ
けではないので，おしゃれをする必要はありません。

☑**お昼の過ごし方も本試験と同じになるよう，昼食の内容や時間を決める**

　脳の栄養が足らないと頭が働きませんが，おなか一杯になってしまってもや
はり頭が働きません。合格者に聞くと，バナナとチョコを食べたという人が多
いです。

☑**お昼に「午前の部」の答え合わせはしない**

　本試験では，お昼に午前の部の答え合わせをすることができませんから，模
試の際にも答え合わせはしてはいけません。

☑**前日の夕食も本試験を想定し，「明日は本試験だ」と言い聞かせて寝る**

　ここまで本試験を意識して模試を利用すれば，本試験のときには模試と同じ

だと感じられて，極度の緊張をせずに力を発揮できるでしょう。

■模試は本番のように～環境編

　普段予備校を利用している人は，**自分の通っている予備校以外の予備校でも模試を受験しましょう**。いつも通っている予備校以外で受験すれば，本試験のときのような緊張状態を体験することができます。

　予備校ごとに答練・模試の出題のクセがありますから，**複数の予備校の模試を受験することで，そのクセを平均化する**こともできます。

　本試験では，座席を選ぶことができません。どんな人が近くに座っているかわかりません。そこで，答練・模試では，**うるさそうな人の隣に座るなど，わざと好ましくない環境で受験する**ようにしましょう。他にも以下のようなことを試すとよいでしょう。

☑ **1回くらいわざと寝不足の状態で模試を受けてみる**

　本試験の前日に寝られないこともあります。あまり気にする必要はないのですが，寝不足で模試を受けた経験があれば，「大丈夫だ。それでも力は発揮できる」と自信を持って試験に臨めます。

☑ **1回くらい試験開始してから10分ほどたってから解答を始める**

　時間が無くなったときの対策をするためわざと少ない時間で解く練習をしましょう。模試の存在意義は，「本試験のシミュレーションをする」，「時間配分の練習をする」など，その**「試験前の過ごし方」と「試験中」にあります**。本試験を意識して受験しましょう。

　これに対して，復習には，答練の場合と同様，時間をかけないで行ってください。その日のうちに復習を終わりにするという意識で臨みましょう。模試によって自分の弱点を把握することは必要ですが，成績を気にする必要はあまりありません。

57　超直前期にやっておくこと

Check!

　本試験で実力を発揮するために,「自分は合格できる。やってやる」という心理になることが重要です。「あれは大丈夫だったかな」などと何か心配事があると,「合格できないかも…」と大きな不安に発展しかねません。そのため,超直前期には少しでも不安材料をなくすことが必要です。

■やることリスト

勉強内容について

> ☑最後の2週間ですべての学習範囲を見直し,知識を確認しましょう。
> ☑最後の4日程度で,苦手だと思う部分を重点的に確認しましょう。

準備について

☑試験会場の下見は必ずしましょう。

　行ったことのないアウェイな場所ではそれが不安となり,実力を発揮しにくいです。試験会場をホームとするためにも一度見に行っておくことが重要です。安心感が全然違います。

　また,下見は,試験当日に予想されるアクシデントに備え事前に対策をするためのものでもあります。「その時間の電車はスムーズに乗れるか」などのチェックも必要ですから,なるべく本試験と同じ曜日である日曜日に下見しましょう。本試験は大学の校舎で行われることが多いですが,大学の周辺の店舗などは,日曜日に閉まっていることも多いですから,その点についても注意が必要です。

　会場内に入ってよい場合には,トイレの場所や教室の雰囲気についても確認しておくと,安心して受験ができるでしょう。

☑ 持ち物のチェックも，前日の昼間までに済ませておきましょう。

　当日の朝では，慌ててしまいます。足りないものがあったときに買いに行けるように，前日の昼間の時間帯に済ませておくのが得策です。

　受験票・財布・時計・筆記用具・ハンカチ・ティッシュなど，自分に必要なもののチェックリストを事前に作っておいて，1つひとつ確認して鞄に入れていきましょう。教室の空調が寒い場合に羽織るものを入れておくといいでしょう。また，消しゴム・鉛筆なども多めに持ってください。落としたときに，係員を呼んで拾ってもらう時間がもったいないので，余計に持っていて使えるようにしておくのです。さらに，お守り代わりに，自分が最も勉強した教材を数冊持参しましょう。

☑ 試験会場まで時間がかかる人は，試験前日にホテルに泊まることも考えましょう。

　試験会場までの移動による体力の消耗は意外と侮れません。私は，大学受験のときに朝4時に起きて群馬から東京に電車で移動し受験していましたが，それだけで疲れ，結果が出ませんでした（それだけが原因ではないですが…）。

☑ 試験前日の勉強は，夕方には終わりにしましょう。

　夜は，ある程度リラックスして，心と体を休めてください。知らない間に蓄積された疲労が脳にもたまっています。本試験で最後まで考え抜くためにも休んでおくことが必要です。

　そして，今まで使ってきた教材を見て，「ここまで頑張ってきたんだ」と自分を励まし，寝てください。緊張で寝付けないこともあるかもしれませんが，横になって休んでいるだけでも頭と体は休まります。

　どうしても寝られない場合には，睡眠導入剤なども有効ですが，試験前日にはじめて飲むことのないように，もっと前から翌日に影響のないものを処方してもらい，試しておくことが必要です。

58 本試験当日の闘い方(1)〜緊張は本気の証拠

Check!

いよいよ，本試験当日です。
　試験前日に寝られなかった方もいるでしょう。それでも実力は発揮できますから，安心してください。模試を寝不足の状態で受験して試したことも思い出してください。そもそも人生のかかった勝負の前日に緊張して寝られないのはよくあることです。本気が出ている証拠だなと受け入れてしまいましょう。

■頭脳勝負

　以前，将棋のプロ棋士が名人のタイトル戦において，「この勝負に勝てば名人になれる」という二日制の対局の一日目の夜に寝られず，カーテンを開けたらライバル棋士の部屋の電気もついていたと言っていたことがあります。

　真剣勝負の前には緊張して寝られないのです。その棋士は，「寝られないのは，脳がしっかり働いている証拠だ」と前向きにとらえて，名人のタイトルを奪取しました。

　体力主体の勝負であれば，大きな影響があるかもしれませんが，司法書士試験は，頭脳勝負です。寝られていなくても，頭は回転します。先ほどのプロ棋士のように前向きにとらえて闘ってきてください。

　試験当日，緊張しているかもしれません。適度な緊張状態は集中力を高めることがわかっています。「緊張しているな。ラッキー」と前向きにとらえましょう。極度に緊張している場合も，「自分は緊張している」と緊張している自分を受け入れてしまえば，いくらか緊張が和らぎます。

　「自分は合格できる」と考えて受験することで意識が高まり，また，あきらめず最後まで闘うことができます。今まで合格のためにやってきたことを振り返りましょう。やり込んだ教材，テレビを見ない生活，電車の中でも勉強したこと，家族の協力，神頼みまでしたこと。「ここまでやってきたんだから大丈

夫」と思えるはずです。

■試験会場に到着

☑**試験会場には，余裕をもって到着しましょう。**

　指定時刻である 9 時15分には教室にいなければ，受験することができません。また，予想できないことが起こる可能性もあります。その対処ができるように早めに到着することが必要なのです。また，遅刻するかもと焦ってしまうとその焦りが問題を解くときにも残ってしまいます。

☑**試験会場の一前では，予備校スタッフがパンフレットなどを配布していますが，受け取らないようにしましょう。**

　次の年の受験用のパンフレットを身につけて受験するのは縁起がいいはずがありません。また，最後の予想論点・チェックリストが書いてある場合もありますが，本試験当日に新しい情報に接するのはマイナスでしかありません。知らないことが書いてあると焦るだけです。最後の見直しをするなら，自分のやり慣れた教材のほうがよいです。

☑**トイレを済ませて，自分の席に座って周りを見回しましょう。**

　みんな緊張していることがわかると思います。深呼吸をして落ち着いて，「自分なら大丈夫。勝負に行ってくる」と自分に言い聞かせて，試験開始の合図を待ちましょう。

緊張しているのは頑張った証拠

私は試験会場が遠方だったため，会場近くで前泊しました。電車遅延の心配もなく心にゆとりがもてました。ただ，前日は緊張とパトカーのサイレンにより，ぐっすり寝た時間はほぼありませんでした。朝起きていつも通りの朝ごはんを食べ，毎回模試で着ていた服と同じ服で試験会場に向かいました。独特の緊張感がありましたが，「緊張しているのは私だけじゃない，頑張った証拠だ」と自分に言い聞かせ，心を落ち着かせました。

 戸谷佳奈枝さん

59 本試験当日の闘い方(2)
～いつもと違うことはしない

Check!

　大事な日なので，どうしても気合が入ってしまい，いつもと異なることをしてしまう人もいます。ですが，本試験当日は，「いつもと違うことはしない」ということが重要です。

■本番は模試のように

　たとえば，いつもは飲まない高価な栄養ドリンクを飲むなどする受験生もいます。体に合わずに体調を崩してしまう可能性もありますし，いつもと異なることをすることで，緊張感を高めてしまうことにもなりかねません。

☑ **いつもの模試と同じように行動する**

　「模試のときと同じだ」と思えるようにするためにも，いつもの模試のときと同じように行動するようにしましょう。**模試のときと同じ服を着て，同じ食事を食べて，同じ持ち物を持参することで，模試のときと同じだと意識でき，力を発揮することができる**のです。

☑ **いつもと同じ解き方・時間配分で解く**

　試験が始まってからも同様です。「記述式問題から解こう」など，今までにやったことのない作戦が突然閃いてそれを実行する人もいますが，今まで答練・模試で実践したことのない作戦がうまくいくわけがありません。

　答練・模試と同様，時間配分に注意する必要がありますが，本試験はいつもより慎重になってしまい，時間が足りなくなる人も多いです。慎重になるあまり問題を解くスピードが遅くならないように，時間配分に注意しましょう。

■試験中は何が起きるかわからない

　試験中は何があるかわかりません。過去の司法試験で，試験会場の近くで大

きな爆発事故があり，試験時間中サイレンが鳴り続けていることがあったそうです。また，司法書士試験でも，試験中に停電が起きて午前の部の試験が中断され，午後の部の試験も45分遅れで開始するということがありました。

　そのような**不測の事態があっても，慌てないこと**です。想定外のことが起こって当然だと思っておくとよいでしょう。どんなことが起こっても，「自分は大丈夫。負けてたまるか」とあきらめずに闘ってきてください。

　実際に，私の講座の受講生が停電となった会場で試験を受けていました。午後の部の試験時間がずれたことで，「何時になったら記述式問題を解き始める」という段取りが崩れてしまったといいます。とっさに，時計を45分遅らせて対処し，無事に合格を勝ち取ることができました。

■難問も想定内

　試験問題の中には，難問も混ざっています。考えていなかったような問題が出題される可能性があります。それも想定内です。

　難問は，誰にとっても難問です。解けなくても問題ないのです。むしろ，その難問が解けないことで不安になってしまい，他の基本的な問題が解けなくなってしまうことが問題です。

　わからない問題があっても，「これは解けなくていい。むしろこの問題で不安になっている人が多いのではないか。ラッキー」と考えて，深入りしないようにしましょう。**いかに基本的な問題を取りこぼさずに合格点をとるかが重要**なので，できない問題があっても怖がることはないのです。

　ただ，マークシートの解答欄は，**解けなかった問題でもすべて埋めましょう**。当てずっぽうでも，20％の確率で得点できるのです。1点の差で合否が決することも多々あります。この1つのマークで合否が入れ替わることもあるのです。合格の可能性が上がることは，どんなことでもやりましょう。最後まであきらめず闘いぬいてください。

60 本試験後の過ごし方

Check!

　本試験が終わったら，まずは，しっかり休んで心身をいたわりましょう。ここまで，無理をしてきたはずです。その疲れをしっかり癒してあげましょう。また，家族なども試験が終わるのを待っていたでしょうから，家族の時間も大事にしてください。

■試験後にすぐにすべきたった１つのこと

　「試験がうまくいかなかった」と言って，すぐに学習を再開する人もいます。しかし，この試験はマラソンみたいに長丁場になるものですから，少し休まないと，息切れしてしまいます。少し休みをとることで，心機一転，また頑張れるようになります。

　はっきり言えば，試験後すぐに勉強を再開する元気があるなら，試験前にもっと努力するべきであったはずです。試験前に集中的に学習をしてきた人は，すぐに再開できないのが現状なのです。

　ただ，試験後にすぐに行うべきことはあります。それは，「**自己分析**」です。

> ・あれをやってきたからこれが解けた。
> ・これをやっていなかったからこの問題はできなかった。
> ・試験当日に時間配分を守れなかった。

　このようなことを試験日の記憶が鮮明なうちに分析しておきましょう。各予備校でも本試験１週間後あたりに分析会が行われるので，そのような公開講座を利用してもよいでしょう。

　これは，**万が一不合格だった場合に，勉強方法を考えるのに必要な情報**となります（⇒P11）。また，合格した場合でも，１年以上行ってきた学習を振り返り，次に活かすことは大切なことです。勉強以外にも活かせる自分の長所や，注意しなければならない自分の弱点も見えてくるはずです。

■8月になったらリスタート！

　休むといっても，それは7月中の話です。**8月になったら学習を再開**しましょう。その理由は2つあります。

理由1　**勉強グセをなくさないため**

　合格後も勉強は続きます。実務で依頼者に喜んでもらうために，これからもずっと自己研鑽が必要となります。試験が終わったからといって，せっかく身につけた電車で本を読む習慣などをなくしたらもったいないのです。

理由2　**万が一不合格だったときのため**

　合格発表は例年9〜10月ですが，その前に勉強をしておく必要があります。不合格だった場合，勉強を再開していなければ後悔することになります。

　逆に，合格だった場合に，「勉強して損した」という人は見たことがありません。いずれにせよ，細々とでよいので，何か学習をしておきましょう。

　自己分析の結果，合格をほぼ確信している状態であれば，実務で必要な知識や特別研修で必要となる要件事実などを中心に学ぶとよいでしょう。秋に実施される行政書士・宅建士の試験を受験することもよいでしょう。勉強グセを維持するために他の資格を目指すのは有効ですし，司法書士の実務に就いた後もこれらの資格は役に立ちます。

　司法書士試験にリベンジする可能性のある人でなかなか勉強をする気にならない受験生は，講義を聴くだけでも効果があります。自分で学習するより受動的ですが，講義を聴くという学習は敷居が低く，始めるのが簡単だからです。

リフレッシュして宅建士と行政書士試験にダブル合格

試験直後は不安で眠れなくなり，勉強する気にもなれませんでした。そこで，開き直って家族旅行など今まで我慢してきた事を目一杯やりました。おかげでリフレッシュできて眠れるようになり，勉強の意欲も出てきました。私は宅建士と行政書士の勉強を始めました。勉強の習慣が残っていたので効率よく勉強し合格する事ができました。民法や不動産登記法の復習にもなり，2つの試験で得た知識は実務でも大変役に立っています。

A・Aさん

合格者に聞いた！
記述式問題の解答で愛用したボールペン

ジェットストリーム0.38mm（三菱鉛筆）
解答量が分量多めの場合を想定して0.38mmのものにしました。

N・Hさん

自分に合うボールペンをいろいろ試した結果，定番のジェットストリームに落ち着きました。

戸谷佳奈枝さん

エナージェル（ぺんてる）
エナージェルの0.5mmと0.4mmも試した結果，筆圧や書く速さ，疲れにくさに最適なものがエナージェルの0.3mmでした。

A・Aさん

いろいろ試した結果エナージェルの0.7mmに行きつきました。字に自信がなかったので，少しでも綺麗に見えるものを選びました。また，腕に負担がなくさらさら書くことができるのも魅力でした。

小野彩加さん

パイロット
いろいろ試しに試した結果，パイロットの４色アクロボール３（0.7mm）の握りやすさ・太さ・滑りが自分にとって最適でした。

浦本みずきさん

当初はジェットストリームを使用していましたが，滑らか過ぎて字が流れるので自分とは相性が合わず，パイロットのドクターグリップ（0.7mm）に替えました。字がハッキリ書け，しかも長時間筆記でも疲れにくい優れモノでした。

安東健郎さん

サラサR0.4mm（ゼブラ）
いろいろ試した結果，ボールペン自体が細めで手が疲れにくいサラサRにしました。記述式問題の演習での消費量が凄まじくすぐなくなってしまうので，アスクルでまとめ買いしていました。

S・Nさん

あとがき

　本書を読み終わっていかがだったでしょうか。

　難関試験である司法書士試験に合格するための合理的な方法について説明してきました。私自身のこれまでの学習体験・指導経験に加えて，これまで指導してきた多くの合格者の体験がベースになっています。個人の適性や能力に依存するものではなく，誰にでも適用できる方法論ですから，安心して取り入れてください。

　司法書士試験に合格するために一番大切なのは，「あきらめない気持ち」です。司法書士試験はマラソンのような長距離走です。思うように成績が伸びない，勉強時間が確保できないなど，その学習期間の間に何度も試練が訪れます。本試験までたどり着いたとしても，難しい問題が連続するなど，試練は終わりません。そのような試練を乗り越えられるかどうかは，あきらめない気持ちがあるかどうかにかかっているのです。

　本試験において，「午前の部」で点数が取れなかったという人がいました。もうだめだとあきらめて「午後の部」の受験をしないで帰ってしまいました。しかし，蓋を開けてみれば，その年の「午前の部」の基準点は大幅に下がっており，「午後の部」の試験を受験していれば，合格できた可能性もあったのです。この受験生は，自らあきらめてしまったことで合格を勝ち取ることができなかったのです。あきらめずに闘わなければ合格を勝ち取ることはできないのです。

　次々と試練が生じるのは，前に進んでいる証拠です。あきらめない気持ちで，そのような試練を乗り越えてください。

　本書の合理的な学習法を実行し，あきらめない気持ちで最後まで闘いぬいてください。そうすれば，絶対に合格できます。読者の方の健闘を祈っています。

森山和正

【著者紹介】

森山 和正（もりやま　かずまさ）

昭和51年3月27日，群馬県生まれ。早稲田大学法学部卒業。
大学3年生の時に司法書士試験の受験を思い立ち，8ヵ月間の学習で合格。司法書士事務所，司法書士法人勤務を経て，2004年より受験指導を開始。現在はLEC東京リーガルマインドで講師を務め，全国の受験生を対象とした配信クラスを担当。無駄を省いた科学的・合理的な学習で，多くの一発合格者・短期合格者を輩出する人気講師。様々な暗記法を駆使して，受験生の記憶に残る講義をすることにも定評がある。
主な著書に，『司法書士試験　暗記のターゲット100』，『司法書士試験　解法テクニック50〈第2版〉』，『司法書士試験　すぐに結果が出る勉強メソッド55』（共著）（以上，中央経済社），『森山和正の司法書士Vマジック』シリーズ，『ケータイ司法書士』シリーズⅠ～Ⅵ（以上，三省堂）がある。
著者ブログ：「Vector Magic～虹の架け橋～」https://blog.goo.ne.jp/vectormagic
X（旧Twitter）：＠KazMoriyama
YouTube：「森山和正の合格チャンネル」
　　　　　https://www.youtube.com/@kazu-moriyama

森山式　司法書士試験　合格する勉強法60

2024年6月15日　第1版第1刷発行

著　者　森　山　和　正
発行者　山　本　　　継
発行所　㈱中央経済社
発売元　㈱中央経済グループ
　　　　パブリッシング

〒101-0051　東京都千代田区神田神保町1-35
電話　03（3293）3371（編集代表）
　　　03（3293）3381（営業代表）
https://www.chuokeizai.co.jp
印刷／㈱堀内印刷所
製本／有井上製本所

© K. Moriyama 2024
Printed in Japan

＊頁の「欠落」や「順序違い」などがありましたらお取り替えいたしますので発売元までご送付ください。（送料小社負担）
ISBN978-4-502-50241-5　C2032